• 일러두기

이 책의 스페인어 표현 및 색인은 원서를 기준으로 표기하였습니다.

60SAI KARA NO GAIKOKUGO SHUGYO MEKISHIKO NI MANABU
by Minami Aoyama
Copyright © 2017 by Minami Aoyama
First published 2017 by Iwanami Shoten, Publishers, Tokyo.
This Korean print form edition published 2020
by Sakyejul Publishing Ltd., Paju-si
by arrangement with Iwanami Shoten, Publishers, Tokyo
through Eric Yang Agency, Seoul.

60, 외국어 하기 딱 좋은 나이

아오야마 미나미 글
양지연 옮김

사계절

차례

60이 넘은 나이에 스페인어를 배우러 멕시코로 떠났다. 그곳에서 약 10달 동안 머물렀다. 그동안 NHK 라디오 스페인어 강좌에 수차례 도전했지만 강좌를 들은 건 매번 1학기 강좌가 시작되는 4월, 혹은 2학기 강좌가 시작되는 10월 딱 1달씩 뿐이었다. 4월에 개강한 강좌에 도전, 하지만 채 1달도 채우지 못하고 좌절, 10월 개강에 맞춰 재도전, 하지만 또 좌절. 이 일을 몇 년째 거듭해 왔다.

생각해 보니 스페인어가 쓰이는 상황에 실제로 있어 본 적이 없었다. 일본에서 살면서 스페인어를 접하기란 쉽지 않은데 스페인어를 들을 기회는 라디오 강좌나 가끔 스페인어권 영화를 볼 때 정도이다. 평소엔 스페인어가 실제로 쓰이는 언어라는 현실감을 전혀 느낄 수 없었다. 그래서 스페인어 공부에 탄력이 붙지 않는 것 같다는 생각이 어느 날 문득 들었다.

라디오 강좌에 수도 없이 도전하고 좌절하기를 거듭하던 어느 날, 스페인어가 실제로 쓰이는 현장에 직접 가 보면 어떨까 하는 마음에 쿠바로 열흘 정도 여행을 떠났다. 즉흥적인 여행이었다. 뭔가 찜찜했다. 어깨가 결렸다. 하지만 스페인어를 쓰는 사람들이 존재하고 있음을 확인할 수 있었다.

이듬해인 2010년 10달 동안 멕시코에 머물렀다. 혼자 홈스테이를 하며 지냈다. 멕시코에서 두 번째로 큰 도시인 멕시코 중부의 과달라하라(Guadalajara)에서 어학연수를 했다. 이곳에서도 역시 모두가 스페인어를 쓰고 있었다. 수강생 중에는 일본에서 온 젊은 유학생도 있어서 일본어도 쓸 수 있었다. 60이 넘은 나에게는 무엇보다 젊은 친구들과 대화를 나누는 게 큰 즐거움이었다. 그들은 일본의 대학에서 스페인어를 배우고 와서인지 실력이 뛰어났는데 그들 덕분에 많은 것들을 좀 더 쉽게 배울 수 있어 그 또한 큰 기쁨이었다. 하지만 가장 중요한 스페인어 실력은, 글쎄 좀 늘었는지 어쨌는지 잘 모르겠다. 아무튼 난 멕시코에 푹 빠져 버렸다.

멕시코에서 돌아온 지 6년 뒤 다시 멕시코를 찾았다. 3주간의 어학연수였다. 이번에도 혼자서 홈스테이를 하며 지냈는데 장소는 멕시코 남부의 오악사카(Oaxaca)였다. 오악사카는 가늘고 길게 찢어지는 치즈와 메스칼(mezcal)이라는 술로 유명한 작은 마을이다. 배정된 클래스에 사람이 너무 적어 깜짝 놀랐다기보다는 바짝 긴장이 됐다. 어깨가 결린다고 해야 하나, 아예 굳어 버렸다. 스페인어가 전혀 늘지 않았다는 방증인가. 참 한심하다.

하지만 또 공부하러, 라고 해야 할까. 공부라는 명목으로 멕시코를 다시 찾을 듯하다. 스페인어 공부라는 목적이 있다면 보다 쉽게 떠날 수 있고 게다가 나중에 설명하겠지만 어학 공부를 하면서 관광을 즐기는 일은 여러모로 꽤 이득이 되는 여행 형태이기 때문이다.

그런 까닭에 지금도 여전히 스페인어를 공부하고 있는데 공부 중인 학생이라는 신분은 꽤나 매력적이다. 아무튼 결과보다도 과정이 즐겁고 재밌다.

내 나이 60, 멕시코로 어학연수 떠난다!

그래, 해 보자

오랜 세월 미국 소설을 번역하고 소개하는 일을 해 왔는데 언제부턴가 스페인어를 공부해야겠다는 생각이 들었다. 사실 그런 생각을 한 지는 꽤 오래됐다. 아마 30대인 1980년대 중반 무렵이었을 듯싶다.

워낙 어학을 싫어하는 편은 아니지만(노력이 따라 주지 않을 뿐) 단순히 다양한 언어를 해 보고 싶다는 마음에 스페인어를 배우고 싶었던 것은 아니다. 미국 소설을 읽다 보면 스페인어가 툭툭 튀어나와 어찌 됐든 스페인어는 좀 배워 두는 편이 좋겠다고 생각한 게 계기라면 계기였다.

이제는 너무나 익숙해서 무심코 들으면 스페인어인 줄 모르고 지나치기 쉽지만 미국의 지명에는 스페인어가 많이 섞여 있다. 로스앤젤레스(Los Angeles), 라스베이거스(Las Vegas), 샌프란시스코(San Francisco), 산호세(San José) 등은 모두 본래 스페인어다. 스페인어에서 유래한 지명은 미국 서부, 남서부에 특히 많은데, 그도 그럴 것이 과거 그곳은 멕시코 땅이었기 때문이다. 텍사스(Texas)도 본래는 멕시코 영토였는데(스페인어로는 '테사스'라고 발음한다) 서부로 진출하던 미국인들이 몰려와 텍사스 공화국을 건국하고는 오히려 멕시코가 침입해 왔다면서 멕시코와의 전쟁을 선포했다. 결국 미국은 텍사스는 물론 오늘날의 애리조나, 뉴멕시코, 네바다, 유타, 캘리포니아 등에 이르는 땅을 빼앗았다. 1846~1848년에 일어난 일이다. 이렇게 해서 멕시코는 영토의 거의 절반을 잃었다.

"국가가 승리에 도취되어 있을 때 그 당시 젊은 하원 의원이었던 링컨은 의회에서, '이런 악랄한 방식은 국토 방위라기보다는 사실상 침략이며 헌법 위반이다.'라고 지적해 (중략) 인기를 잃고 만다."(이토 치히로 저, 『반미 대륙』)

정말 우연의 일치였을까? 양국 간의 강화조약이 맺어지기 불과 1주일 전 캘리포니아에서 황금이 발견되었고 1849년, 이른바 '포티나이너스(Forty-niners, 49ers)'라 불리는 미국인들이 황금을 찾으러 몰려들었다. 말 그대로 골드러시였다.

"멕시코는 영토도 황금도 미국에게 어이없게 내주고 말았다. 멕시코에서는 미국의 이런 일련의 침략을 '제2의 멕시코 정복'이라 부른다. 멕시코 역사에서 최초의 정복은 스페인에서 온 정복자 에르난 코르테스(Hernán Cortés)가 원주민 국가인 아스텍제국을 무너뜨리고 지배한 일을 가리킨다. 스페인의 정복에 이어 다시 미국에 의해 대규모 정복이 일어났다. 스페인이 멕시코를 정복한 최초의 목적은 영토보다는 토지에서 산출되는 은을 약탈하는 것이었다. 한편 두 번째인 미국에 의한

정복은 토지 자체를 약탈하는 데 그 목적이 있었다."(앞의 책)

물론 16세기 초 스페인은 은만 빼앗아 간 게 아니다. 언어도 빼앗아 스페인어를 쓰도록 강요했다. 멕시코뿐만이 아니다. 오늘날 중남미권 대부분의 나라는 스페인어를 사용하는데 이는 곧 16세기 스페인 침략의 산물이다.

이런 역사적 배경 때문인지 미국 서부와 남서부에는 멕시코인이 워낙 많다. 이들을 '치카노(Chicano)'라 부른다. '멕시코인'은 스페인어로는 'mexicano'로, '메시카노'라고 발음하지만 영어식으로 발음하면 '멕시카노'다. 영어 발음의 뒷부분만 따와서 생긴 말이 '치카노'다. 랜덤하우스에서 나온 『영일 대사전』을 보면 "경시하는 표현이라고 단정할 수 없지만 일반적으로 '멕시칸 아메리칸(Mexican-American)'을 선호한다."라고 나와 있다. 뉘앙스가 조금 미묘한 단어임에는 틀림없다.

미국 문학에는 멕시코계 미국인이 만들어 온 문학도 있는데 이를 '치카노 문학'이라 부른다. 영어로 쓰였지만 곳곳에 스페인어가 섞여 있다. 서부와 남서부를 주 무대로 하기 때문에 미국 문학에서는 향토 문학 취급을 받는다. 윌리엄 포크너(William Faulkner), 트루먼 커포티(Truman Capote)의 문학도 종종 미시시피와 앨라배마 같은 남부 지역 문학으로 분류되었다. 사실 나는 남북전쟁에서 패배한 남부 문학에는 흥미가 있었지만 미국·멕시코 전쟁에서 패배한, 서부와 남서부 원주민인 멕시코인의 치카노 문학에는 그다지 관심이 없었다.

스페인어를 공부해 두어야겠다는 생각을 한 이유는 치카노 문학 때문이 아니다. 그보다는 멕시코인의 치카노 문학이 아닌, 미국 주류 소설 속에 스페인어가 진출했다는 사실을 깨달았기 때문이다. 순간 참 당혹스러웠다. 스페인어가 미국의 향토 문학인 치카노 문학에만 등장한다고 딱 잘라 말할 수 없게 됐기 때문이다.

1989년의 일이다. 미국 작가 T. C. 보일(T. C. Boyle, 아일랜드계)이 일본 나고야 미국 센터의 초청을 받아 강연을 하러 일본에 왔을 때다. T. C. 보일의 단편을 몇 편 번역한 적이 있는데 그의 작품에도 곳곳에 스페인어가 등장한다. 강연이 끝난 뒤 이어진 만찬 자리에서 슬쩍 스페인어를 할 줄 아냐고 물어봤다.

"물론. 할 줄 알지. 몇 년 전 특훈을 받으면서 완벽하게 익혔어. 간단해."

한 치의 망설임도 없는 당당한 대답에 충격을 받았다. 보일은 캘리포니아에 살고 있으니 스페인어를 자주 접했을지도 모르지만 그렇더라도 '특훈까지 받으면서 완벽하게 익혔다.'는 말은 '그럴 필요가 있었다.'는 뜻이며, 이는 곧 스페인어가 미국의 일상생활 속에 깊숙이 들어와 있다는 의미이리라.

존 세일즈(John Sayles, 아일랜드계)의 단편도 몇 편 번역한 적이 있는데 1991년 새로 나온 그의 작품 제목을 보고 깜짝 놀랐다. 제목부터 스페인어였기 때문이다. 『Los Gusanos(벌레들)』였다.

소설의 배경은 마이애미로, 카스트로 혁명 이후 쿠바에서 망명해 온 쿠바인들의 이야기를 담았다. 고향을 그리워하면서도, 카스트로에게 원한을 지닌 자들의 비밀스런 음모를 그린 작품인데 첫 페이지부터 스페인어가 등장한다. "Bueno. Y la muchacha?", "No la conozco."

스페인어에 대한 아무런 설명도 없이 스페인어가 아무렇지 않게 툭, 나온다. 이 작품이 나왔을 때 한 서평가는 이 소설이 스페인어 공부에도 안성맞춤이라고 썼다. 이 말을 진심으로 받아들였는데 역시 무리였다. 툭툭 튀어나오는 스페인어에 두 손 들고 말았다. 영화감독이기도 한 존 세일즈는 참 다재다능한 작가인데 특히 탁월한 대사로 정평이 나 있다. 그런 그가 작품 속에 스페인어를 거침없이 쓴다는 사실은 미국의 일상생활 속에 스페인어가 섞여 있는 일이 매우 자연스러워졌다는 뜻이리라. 이런 사실을 접하니 더욱 고민이 됐다.

배울까 말까 주춤거리던 마음은 이듬해인 1992년 로스앤젤레스에서 열린 도서전을 보러 갔다가 바로 포섭되었다. 미국이 스페인어에 점령당하고 있는 현실을 눈으로, 아니 귀로 확인한 것이다. 다운타운의 한 호텔 레스토랑에서 식사를 하는데 들려오는 소리는 온통 스페인어뿐이었다.

그뿐만이 아니다. 그때 도서전에서는 중남미가 고향인 작가와 시인의 강연, 심포지엄 등이 주로 열렸다. 상황은 빠르게 변하고 있었다. 미국 문학에 스페인어가 침투하는 현상은 보일이나 세일즈가 쓴 한두 작품 정도에 국한되지 않았다. 미국 서부와 남서부의 치카노뿐만 아니라 중남미의 더욱 광범위한 지역 작가들이 미국 문학계에 착착 진출하기 시작했다. 영어로 작품을 쓰기는 하지만 고향과 친족의 일 등을 소재삼아 쓰다 보니 스페인어가 자연스럽게 섞여들었다.

1994년부터 미국의 대형 출판사인 랜덤하우스는 '빈티지 에스파뇰(Vintage Español)' 총서를 발간하기 시작했다. 스페인어 서적을 간행한 것이다. 중남미 스페인어권의 작품을 스페인어로 출판하는 한편 영어로 쓰인 작품의 스페인어 번역판도 내놓았다. 영어보다도 스페인어가 익숙한 독자가 늘고 있다는 사실을 간파한 시도였다.

그리고 2000년.

그해 미국의 인구통계조사는 미국인의 구성이 크게 바뀌었다는 사실을 뒷받침하는 숫자를 내놓는다. 미국에 사는 중남미인을 '히스패닉(Hispanic)' 또는 '라티노(Latino)'라 부르는데 그 숫자가 이전까지 미국 사회 최대의 마이너리티였던 아프리카계, 즉 흑인을 추월했다.

"히스패닉계 인구가 3530만 명을 넘어 전 인구의 12.5퍼센트를 점했다. 역대 최대의 마이너리티였던 아프리카계 인구 비율인 12.3퍼센트를 웃돌며 현재 히스패닉계 주민이 미국 최대의 마이너리티가 되었다. 10년 전인 1990년 인구통계조사에서 히스패닉계 인구는 2235만 4000명이었는데 10년 사이 약 58퍼센트 증가했다. 한 세대당 평균 자녀 수는 히스패닉계가 2.5명으로, 백인의 1.8명보다 많다. 인구통계조사에 불법 노동자는 포함되어 있지 않다. 2001년 데이터를 보면 재미 불법 노동자를 800만 명으로 추정하는데 대부분이 히스패닉계, 특히 멕시코인이다. 10년 전 추정에서는 350만 명이었다."(오이즈미 고이치 외 편저, 『미국의 히스패닉 라티노 사회를 알기 위한 55장』)

영어 속에 스페인어가 섞이는 현상도 자연스럽게 일어났는데 이를 'Spanish+English', 즉 'Spanglish(스팽글리시)'라 부른다. 2003년에 『Spanglish: The Making of a New American Language(스팽글리시: 새 미국어의 탄생)』를 펴낸 일란 스타반스(Ilan Stavans)는 책이 나온 직후 한 인터뷰에서 다음과 같은 말을 한다.

"한 언어에서 시작해 도중에 다른 언어로 바뀌었다가 다시 돌아오고 또 바뀝니다. 혹은 신조어를 만들어 내기도 합니다. 또는 한 언어로 생각하면서 다른 언어로 말하기도 하는데 오늘날 미국에서 라티노로 살아가는 일은 매우 크리에이티브하면서도 재즈적입니다."(PBS 웹사이트)

즉 말을 할 때 영어로 시작했다 스페인어로 바뀌었다 다시 영어로 돌아오는 등 영어와 스페인어가 뒤섞이는 일, 또는 신조어를 만들어 내는 일 등을 모두 스팽글리시라 부른다. 하지만 '재즈적'이라는 말은 '즉흥적'이라는 뜻이기도 하니 스팽글리시는 다양하고 풍부하고 자유로운 말의 형식이지만 정해진 문법이 있는 언어라고 보기는 아직 어렵다는 얘기다. 신조어 가운데 가장 널리 알려진 단어로 'migra(미그라, 영어 migrate(이주하다)로부터 파생)'가 있다. '국경 경비대', '입국 관리국'이라는 뜻인데 아마도 멕시코 국경을 넘어 미국으로 가려는 이민자들의 절박한 상황에서 쓰이는 단어여서 그럴 것이다.

어찌 됐든 미국 내 스페인어 사용 인구의 급증으로 스팽글리시라는 재미있는 현상까지 생겨났다.

스팽글리시를 이해하기 위해서라도 역시 스페인어는 공부해 두는 편이 좋겠군. 결국 나는 이런 결론에 이르렀다.

쿠바에서 어깨 결림에 시달리다

손쉽게 외국어를 배우는 방법 중 하나가 바로 'NHK 어학 강좌'여서 일단 NHK 라디오 스페인어 강좌에 도전해 봤다. 하지만 한심하게도 강좌를 들은 건 4월 딱 1달, 10월 딱 1달뿐이었다. 4월에 강좌가 개강하면 의욕적으로 덤벼들었다가 1달도 안 돼 좌절, 그리고 반년이 흐른 뒤 다시 마음을 다잡고 10월 개강하는 강좌에 재도전하지만 또다시 1달도 채 안 돼 좌절하고 말았다. 이 일을 몇 년째 되풀이했다.

라디오 어학 강좌에서 배운 것은 인사말 몇 마디와 동사 변화 정도로, 동사 변화는 목욕하면서 암송하곤 했다(매번 1달만 듣고 그만두었으니 동사 변화는 현재형에서 더 나가지 못했지만). 하지만 학교 공부도 아니고 시험을 보는 것도 아니다 보니 얼마나 향상됐는지 알 길이 없었다. 의욕을 불러일으킬 만한 계기가 전혀 없었다. 무엇보다 써먹을 데가 없었다. 일본에서 도대체 누구에게 스페인어로 'hola(올라).'라고 인사를 한단 말인가.

그러다가 끈기 없는 내 태도는 뒷전으로 밀쳐 놓고 문득 이런 생각을 했다. 어쩌면 스페인어가 쓰이는 상황을 접해 본 적이 없어서, 스페인어를 쓰는 사람이 주위에 없어서, 그래서 스페인어 공부에 탄력이 붙지 않는 게 아닐까? T. C. 보일이나 존 세일즈가 스페인어를 배운 이유도 주위에 스페인어를 또는 스페인글리시를 쓰는 라티노들이 많았기 때문이지 않을까? 스페인어가 쓰이는 현장에 가면 나 또한 자극을 받아 뭔가 의욕이 샘솟을지도 모른다.

그래서 2009년 봄에 불쑥 쿠바로 여행을 떠났다.

왜 하필 쿠바냐고 묻는다면, 영화 「부에나 비스타 소셜 클럽(Buena Vista Social Club)」을 봤기 때문이라고 답하겠다. 영화 앞부분에 뮤지션 라이 쿠더가 모터사이클 사이드카에 아들을 태우고 해안 도로를 달리는 장면이 나오는데, 보는 순간 마음을 뺏기고 말았다. 그 길이 말레콘(malecón)이라는 사실은 나중에야 알았는데 말레콘은 쿠바의 수도 아바나의 대로(大路)다. 바다에 인접해 있어 큰 파도가 몰아칠 때면 물을 뒤집어쓰기도 한다. 영화에서 본 물보라가 유난히도 아름다워 내 눈으로 직접 확인하고 싶었다.

인터넷을 검색해 봤더니 3월에 산티아고데쿠바(Santiago de Cuba)에서 페페 산체스(Pepe Sánchez) 음악제가 열린다고 한다. 이 음악제를 보러 가기로 마음먹었다. 스페인어가 쓰이는 현장을 보고 싶은 게, 그리고 아바나 말레콘의 물보라를 보고 싶은 게 목적이라면서 왜 굳이 아바나에서 멀리 떨어진 산티아고데쿠바까지 찾아가느냐고 묻는다면 뭐 할 말이 없기는 하다. 그냥 이왕 쿠바까지 가기로 한 마당에 좀 돌아다니다 와야지 하는 여행객의 객기가 발동했다고 답해 두겠다.

페페 산체스는 19세기에 쿠바 음악 장르 중 하나인 trova(트로바)를 개척한 '트로바의 아버지'라 불리는 인물이다. 이런 사실을 알 게 된 것도, 트로바라는 단어를 들은 것도, 이때가 처음이다. 산티아고데쿠바에 트로바를 연주하고 또 그 음악에 맞춰 함께 춤추는 '트로바의 집(La Casa de la Trova)'이 있다는 사실도 물론 처음 알았지만 훗날 그 집에서 풍만한 몸매의 여성과 춤을 추던 꽤나 세련되고 멋진 노인이 "보고만 있지 말고 같이 춰." 하고 잡아끌어 함께 (춤을 추게 되었다기보다는) 몸을 움직이게 되었으니 역시 여행의 묘미는 생각지 못한 뜻밖의 만남에 있다 하겠다.

춤을 추고는 있었지만 사실 어깨 결림 때문에 고통스러웠다. 뒤를 돌아보려 해도 우향우를 하듯이 몸 전체를 돌려야만 할 정도였기 때문에 춤을 춘다는 게 참 고역이었다. 안 그래도 굳은 몸이 어깨 결림 때문에 더욱 돌아가지 않았다.

아바나에서 코코넛 모양을 본 떠 만든 노란색의 진기한 관광객용 코코택시를 타고 그렇게 염원하던 말레콘을 달릴 때도 어깨 결림이 나를 괴롭혔다. "말레콘을 따라 쭉 가 주세요."라고 얘기하자 쾌활한 택시 기사는 "쭉이요? 꽤 긴데."라고 말하

며 "그럼, 2시간 관광 어떠세요?"라고 흥정을 해 왔다. 택시에
탄 2시간 동안 택시 기사는 툭 하면 삐-삐-삐- 하고 경적을
울렸다. 무슨 일인가 싶어 봤더니 지나가는 여성에게 '여기 좀
보세요!' 하듯이 주의를 끌고 있었다. 재미있는지 "히히히." 웃
으면서 삐-삐-삐- 소리를 냈다. 여성이 반응을 보이면 "보니
타!"라고 큰 소리로 외쳤다. 그 덕분에 생각지도 않게 '보니타'
여성들을 2시간 내내 바라볼 기회였던 한편 bonita(보니타)는
'예쁘다'라는 뜻으로 칭찬할 때 쓰는 표현이라는 것도 배웠다.
하지만 이런 즐거움 속에서도 어깨는 계속 아팠다.

아바나에 도착한 때는 바야흐로 2009 월드 베이스볼 클래식
쿠바 대 일본전이 끝난 직후였다. 마츠자카 다이스케(松坂大輔)
의 대활약으로 쿠바는 0:6으로 대패했다. 그 덕분에 아바나에
서도 그랬고 어딜 가든 사람들이 "마츠자카."라며 말을 걸었고
"일본 강해, 쿠바 약해."라고 크게 환대해 주었지만 사실 그런
상황에서도 나는 극심한 어깨 통증에 시달리고 있었다.

쿠바 하면 헤밍웨이(Hemingway)다. 당연히 헤밍웨이가 머
물렀던 아바나의 호텔 암보스 문도스(Ambos Mundos)와 그
가 자주 찾았다고 알려진 레스토랑 라 보데기타 델 메디오(La
Bodeguita del Medio)에도 들렀다. 아바나의 교외에 있는 핀카
비히아(Finca Vigía), 즉 '전망 좋은 농장'이라는 뜻의 이름을

지닌 저택도 보러 갔다. 동물 머리 박제가 벽 곳곳에 걸려 있는 넓디넓은 안채 옆에 작고 네모난 탑이 있었다. 그곳이 헤밍웨이의 작업실이었다고 한다. 생전에 헤밍웨이를 인터뷰했던 조지 플림턴(George Plimpton)의 말에 따르면 헤밍웨이는 침실에서 작업하는 것을 더 좋아해서 "탑에 있는 방에 올라가는 때는 '등장인물들'이 그렇게 시킬 때 뿐"(아오모리 미나미 편역, 『파리 리뷰 1, 2-작가란 무엇인가』)이었다고 한다. 헤밍웨이는 고양이를 무척 좋아했다고 하는데 아마도 그 탑은 고양이들에게 딱 알맞은 놀이터였던 듯싶다. 탑은 관람객이 올라갈 수 있게 개방해 놓고 있어서 좁고 가파른 계단을 따라 올라가 봤다. 푸른 바다가 눈앞에 펼쳐지는, 그야말로 절경이 나타났다. 하지만 그때도 내 손은 어깨를 주무르고 있었다.

　쿠바에서의 숙박은 모두 쿠바 여행을 전문으로 하는 일본 여행사를 통해 예약했다. 그런데 산티아고데쿠바에 도착하고 보니 숙소가 페페 산체스 음악제가 열리는 곳에서 한참 떨어져 있었다. 음악제는 한밤중에야 끝나는데 밤늦은 시간에 걸어서 오갈 만한 거리가 아니었다. 공연장 바로 앞에 깔끔한 하얀색 호텔이 하나 보이기에 혹시나 빈방이 있나 싶어 물으러 갔다. 당연한 일이겠지만 방은 없었다. 그런데 호텔 프런트 직원이 맞은편 여행사에 가서 한번 물어보라고 조언해 줬다.

여행사를 찾아갔더니 몸집이 풍만한 여성이 "흠." 하고 한참 뜸을 들인 끝에 "호텔은 없지만 제가 아는 집에서 묵어 볼래요? 바로 옆인데."라고 말을 꺼냈다. 가격도 쌌다. "그렇게 할게요."라고 응하자 그녀는 곧바로 전화를 걸었다. 분위기상 전화 내용은 "어머, 어머, 횡재했네. 집에 묵게 해. 돈도 벌고 좋지 뭘."이라고 말하는 듯했다. 나와 대화할 때는 영어를 썼지만 전화할 때는 스페인어를 써서 난 전혀 알아들을 수 없었다. 그러니 모든 게 의심스러웠다.

조금 뒤 어딜 보나 수완 좋게 생긴 아주머니(라고 해도 내가 더 나이가 많다)가 등장했다. "그럼 갈까요?"라며 나를 밖으로 데리고 나갔다.

그때 쿠바에는 'casa particular(카사 파르티쿨라르)'라고 불리는 민박집이 있다는 사실을 알게 됐는데 그 아주머니네 집이 바로 그런 민박집이었다. 택시를 불러 먼 숙소에 두고 왔던 짐을 가지고 온 뒤 아주머니네 집에서 저녁을 먹었다. 식사가 포함된 숙박으로 부탁했었다. 음악제가 열리는 공연장까지는 민박집에서 걸어서 5, 6분 정도 거리였다. 밤이 늦어도 충분히 슬슬 걸어서 돌아올 수 있을 것 같아 혼자서 나갔는데 음악제가 시작되고 난 뒤 문득 앞을 보니 원형 무대 맞은편 좌석에 아주머니와 아주머니의 남편이 앉아 있었고 나를 보더니 손을 흔들어 보였다. 음악제가 끝나자 아주머니가 '우리도 보러 왔다.'라며 내 옆으로 다가와 말을 걸었는데 사실 아주머니는 음악에는 관심이 없는 듯했다. 한밤중에 사람 많은 곳에 혼자 나간 내가 걱정되어 따라와 준 것이다. 셋이서 고요하고 따뜻한 밤길을 나란히 걸으며 집으로 오는데 애수 가득한 음악 덕분인지, 아주머니의 배려 덕분인지 끈질기게 따라다니던 어깨 결림이 어쩐지 그리 신경 쓰이지 않았다.

쿠바에 있는 동안 비록 강약에 차이는 있었지만 늘 어깨 통증에 시달렸던 이유는 사람들이 무슨 말을 하는지 도통 알아들을 수 없고, 하고 싶은 말을 할 수 없는 그런 울적함 혹은 긴장 때문이었던 듯싶다. 한창 젊은 20대에 말이 전혀 통하지 않는 소련(지금의 러시아)과 폴란드, 체코, 헝가리를 혼자 여행한 적이 있었는데 그때는 어깨 결림 같은 건 전혀 없었다. 그때도 지금처럼 긴장을 하긴 했겠지만 어깨 통증이 찾아오지는 않았다. 그러니 결국 나이 탓이다. 환갑이 넘은 나이에 말도 통하지 않는 곳에 홀로 떨어졌으니 젊었을 때처럼 긴장이 그리 쉬이 풀리지 않아 몸이 더욱 굳어진 것이다.

쿠바에 갈 때 캐나다 토론토를 경유했는데 토론토에 도착해서는 어깨 결림이 어이없을 정도로 말끔히 사라졌다. 스페인어를 알아듣지 못하는 데에서 오는 긴장이 풀렸기 때문이다.

몸은 참으로 정직하다.

하지만 쿠바에서는 일본어를 배우는 쿠바 노인을 우연히 만나 큰 자극을 받았다.

헤밍웨이의 저택을 보러 갔다가 돌아오는 길에 코히마르 (Cojímar:『노인과 바다』의 배경이 된 곳으로 알려진 어촌 마을-옮긴이)에 들렀을 때다. 휠체어에 앉아 있는 한쪽 다리가 없는 노인이 나를 불러 세웠다.『노인과 바다』와 인연이 있는 마을이라서 그런지 마을 한구석에 헤밍웨이의 흉상이 야단스럽게 세워져 있었는데 그 근처에 있던 노인이 갑자기 내게 말을 건 것이다.

"아카사타나하마야라와."

"……."

오십음표(일본어의 모음 5자를 세로로, 자음 10자를 가로로 적어 넣어 만든 표로, 문자 기초를 익힐 때 주로 쓴다-옮긴이)를 떠올리기까지는 시간이 좀 걸렸다. "와타시, 니혼고, 벤쿄, 시테마쓰(나, 일본어, 공부, 하고 있습니다)."라고 이어지는 일본어를 듣고서야 일본어를 공부하고 있다는 증거로 오십음의 아단(あ단, 오십음표에서 모음 '아'와 자음이 결합해 만들어지는 단-옮긴이)을 외워서 보여 줬다는 사실을 깨달았다. "와타시, 니혼고, 벤쿄, 시테마쓰."라는 말만으로도 일본어를 배우고 있다는 사실을 충분히 알 수 있는데 왜 애써 오십음을 외워 보이나 싶어서 좀 당황했다.

순간 오십음표가 내 눈앞에 그려졌다.

그래, 이 노인은 벽에 오십음표를 붙여 놓고 날마다 열심히 발음 연습을 하고 있었던 것이다. 그리고 헤밍웨이를 보러 오는 일본인들을 상대로 일본어 회화 연습을 해 보는 것이다.

노인의 눈은 날카로웠고 핏발이 서 있었다. 어쩌면 노인은 매일 잠잘 시간을 쪼개며 일본어 공부에 매진하고 있을지도 모른다. 그러고 보니 노인에게선 (비록 의족을 하지는 않았지만) 증오하는 흰 고래를 쫓는 에이허브 선장의 강한 집념과 기백이 느껴졌다.

노인이 탄 휠체어를 밀어 주던 남자가 "모금 좀……." 하며 자선 모금함을 들이밀었는데 기세에 눌려 그만 나도 모르게 지갑을 열었다.

울퉁불퉁한 『길 위에서』

멕시코에는 쿠바에 가기 2년 전인 2007년에 딱 한 번 간 적이 있다. 그때는 며칠 머물렀을 뿐이고 스페인어를 배우러 간 것도 아니었다.

잭 케루악(Jack Kerouac)의 『길 위에서』 새 번역본을 낸 뒤였는데 『에스콰이어』 일본어판(『에스콰이어(Esquire)』는 1933년 미국에서 창간된 남성지로 일본어판은 1987년 창간 후 2009년 5월에 휴간되었다가 2013년 잡지 『멘즈 클럽(MEN'S CLUB)』의 별책 부록으로 다시 발간됐다-옮긴이) 편집 팀이 자동차로 소설에 나온 길 위를 따라가 보자는 제안을 해 와서 감사히 받아들였다.

소설 『길 위에서』의 매력 중 하나가 바로 자동차로 북미 대륙을 돌아다니는 것인데 우리는 그중 소설 후반부에 나오는 길을 골랐다. 미국 콜로라도주 덴버를 출발해 텍사스주 러레이도(Laredo)에서 국경을 넘어 멕시코 누에보라레도(Nuevo Laredo)로 들어가(1600킬로미터) 거기서부터 단숨에 멕시코시티로 향하는(1200킬로미터) 행로였다.

터무니없는 강행군이었는데 미국에서 멕시코로 들어선 순간 한눈에 들어오는 미국과의 격차가 인상에 강렬하게 남았다. 맹렬한 속도로 빠르게 스쳐 지나가기는 했지만 1200킬로

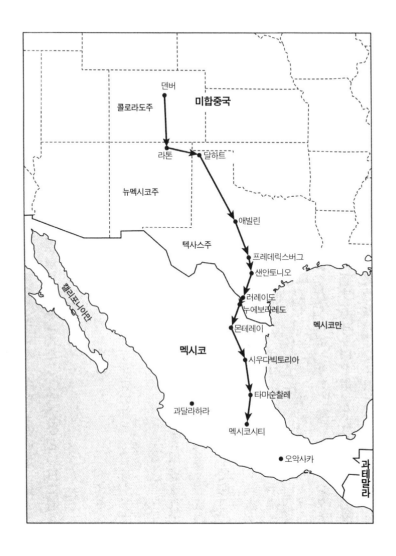

『길 위에서』에 등장하는 덴버에서 멕시코시티까지의 여정은 알래스카에서 칠레,
칠레에서 더 멀리 남쪽까지 남아메리카 대륙을 관통하는 팬아메리칸 하이웨이(Pan-
American Highway)의 일부다. 거리 단위는 미국에서는 마일(mile)을 쓰고 멕시코에
들어서면 킬로미터(km)로 바뀐다.

미터나 되는 멕시코의 길을 달려 볼 수 있었던 흔치 않은 기회였다. 좀처럼 볼 수 없는 풍경도 봤으며 웅덩이를 만나 처박히기도 하는 등 무척이나 멕시코적인 상황에 처하기도 했다.

국경인 러레이도까지는 미국의 렌터카를 이용했는데 미국 렌터카로는 국경을 넘어갈 수 없다고 해서 러레이도에서 차를 반납하고, 거기서부터 멕시코의 누에보라레도까지 택시로 이동해 누에보라레도 공항에서 다시 렌터카를 빌리기로 했다.

공항이라면 쓸 만한 자동차가 많이 있을 거라고 판단한 우리는 예약도 해 두었다. 그때 취재 팀은 나 포함 네 명이었다. 담당 편집자인 오타(太田), 운전 실력이 무척 뛰어난 편집자 와카바야시(若林), 사진가 와카기(若木), 그리고 나. 나를 포함해 아무도 스페인어를 할 줄 몰랐다. 하지만 국경 마을이라 그랬는지 영어가 통했고 렌터카 회사는 여행자를 주로 상대할 테니 미국 공항에서 렌터카를 빌리는 것처럼 수속 등이 간단하겠거니 생각했다.

그런데 국경 남쪽은 북쪽과는 상황이 전혀 달랐다. 렌터카 회사는 닫혀 있었고 부재 시 연락처로 전화를 해도 해결될 기미는 없었다. 편집자인 오타는 이리저리 전화를 걸면서 얼굴을 잔뜩 찡그렸다. 나머지 사람들은 얼마 전까지 국경 북쪽에서 자동차로 장거리를 기분 좋게 달리던 일이 마치 꿈이었던 듯 아무것도 없는 거나 진배없는 공항 주변의 밋밋한 풍경을 말없이 바라봤다. 문제를 해결해야만 했던 오타는 필사적이었지만 적어도 나는, 처음에는 조금 초조하긴 했지만 시간이 지나자 초조함도 사라졌다. 오히려 이것이 멕시코적인 시간일지도 모른다는 여유롭고 느긋한 기분에 사로잡혔다.

드디어 자동차가 도착했는데 세상에나, 반나절이 지난 뒤였다. 그렇게 기다리고 났더니 네 명 모두 더 이상 불만을 토로할 기운조차 남아 있지 않았다. "자, 가 볼까?" 하고 다들 자리에서 일어나 느릿느릿 차에 탔다.

'상식적'이라고 해야 할까? 바로 어제까지만 해도 미국의 콜로라도와 텍사스를 신나게 달려왔기에 공항으로 이어진 도로 정도는 말끔히 포장되어 있을 것이라고 제멋대로 상상했다. 사실 도로는 넓디넓었고 보기에는 그야말로 뻥 뚫려 있었다. 핸들을 잡은 와카바야시가 "지금부터 전속력으로 달려 보겠습니다." 하고 비장하게 말했다. 날려 버린 반나절의 시간을 만회해야만 했으니까.

그런데 도로에 들어선 지 얼마 지나지 않아서였다. 와카바야시가 "죄송!" 하고 외치자마자 차가 웅덩이에 처박혔다. 꽤나 큰 웅덩이였다. "빠져나갈 수 있을까?"라는 말이 무심코 튀어나올 정도로 차체가 갸우뚱 기울어졌다. 바퀴가 꽤 깊이 처박혀서 엔진을 몇 번이나 돌리고 나서야 겨우 빠져나왔다.

그리고 머지않아 도로 곳곳에 구멍이 패어 있다는 사실을 알게 되었다. 크기와 깊이가 다양한 구멍이 여기저기 어디에나 있었다. 와카바야시는 처음에는 "앗, 또 구멍이다!"하며 신이 난 듯했지만 끊임없이 나타나는 구멍 탓에 어느새 길바닥만 뚫어져라 노려볼 뿐 말이 없어졌다. 온 정신을 집중해 오로지 핸들을 꺾을 뿐이었다. 차체가 갑자기 좌우로 흔들리거나 쏠리면 다들 아무 말 없이 구멍이겠거니 하고 여겼다.

포장되어 있든 안 되어 있든 어느 도로에서나 어김없이 구멍이 나타났다. 와카바야시는 속도를 줄이지 않은 채 구멍을 싹싹 잘도 피해 달렸지만 그럼에도 수차례 갑자기 속도를 줄였다. 서행해야만 통과할 수 있을 정도의 구멍이 느닷없이 나타났기 때문이다. 한번은 산길에서 급정거를 했다. "이거 좀 봐요!"라고 와카바야시가 소리치기에 놀라 쳐다봤더니 길 한가운데에 거대한 운석이라도 떨어졌던 것처럼 큼지막한 웅덩이가 있었다. 흙이 말라 있는 상태로 보건대 아주 오래전에 생겨 줄곧 방치돼 있던 듯싶다. 어이가 없어서 한참 쳐다보고 있자니 통나무를 여러 통 짊어진 남자가 길 맞은편에서 다가와서는 신기한 듯 우리를 빤히 쳐다보다가 제 갈 길을 갔다. 아시아인이 이런 산속에 있는 것이 신기했을까? 어쩌면 구멍 따위에 겁먹은 우리가 신기했는지도 모르겠다.

구멍은 포장된 길이든 아니든 상관없이 나타났지만 포장된 도로에는 자동차를 위협하는 녀석이 하나 더 있었다. 도로 위로 볼록 튀어나온 과속방지턱이다. 미국에서는 대형 주차장 입구 주변에서나 가끔 보이던 건데, 속도를 줄이지 않고 통과하다가는 쿵 하고 차체가 뒤흔들려 서둘러 브레이크를 밟아야 했다.

멕시코에서는 이런 과속방지턱이 도로 곳곳에서 갑자기 나타났다. 운전하는 와카바야시도 처음에는 그 존재를 몰라 몇 차례 과속방지턱에 쿵 부딪혔고 그때마다 우리는 말 그대로 위로 붕 솟아올랐다. 미국의 과속방지턱은 화려한 색 줄무늬 모양이어서 눈에 확 띄었지만 멕시코에서는 그저 볼록 솟아 있을 뿐이었다. 옆에 과속방지턱의 존재를 알리는 간판이 세워져 있었지만, 이 또한 눈에 잘 띄지 않아 놓치고 지나치기 십상이었고 결국 온몸으로 과속방지턱의 존재를 체감해야 했다.

도로의 구멍과 과속방지턱, 울퉁불퉁. 와카바야시는 오른쪽, 왼쪽으로 구멍을 피하거나, 황급히 브레이크를 밟아 과속방지턱을 조심스레 지나는 등 스트레스가 차곡차곡 쌓이는 가운데에도 계속 전속력으로 차를 몰았다. 분명 타이어에도 스트레스가 차곡차곡 쌓이고 있었으리라.

밤이 될 무렵 그날의 목적지였던 시우다빅토리아(Ciudad

Victoria, 여기까지 520킬로미터)에 도착했다. 미국의 호텔 체인인 홀리데이인이 눈앞에 나타나자 미국적인 것에 구원을 청하기라도 하듯 여기서 묵자고 뚝딱 정했다. 그런데 호텔 입구로 차를 댔을 때였다. 호루라기 소리 같기도 하고 새 울음소리 같기도 한 높고 날카로운 소리가 났다.

경찰? 새? 멕시코 도로 위에는 구멍, 턱 말고도 이상한 게 더 숨어 있는 걸까?

펑크였다. 누에보라레도 공항 옆 도로에서 구멍에 빠졌던 타이어가 이곳에 도착하기까지 수없이 울퉁불퉁한 길에 치인 나머지 아름다운 비명을 지르며 운명했다. 만약 인적 없는 산길에서 펑크가 났으면 어쨌을까 생각하니 순간 아찔했다. 용하게도 여기까지 데려다주었구나 싶어 고마울 따름이었다.

멕시코에서는 움푹 팬 구멍을 bache(바체), 우뚝 솟은 턱(과속방지턱)을 tope(토페)라고 하는데 바체와 토페가 멕시코 도로의 명물이라는 사실은 그로부터 3년이 지난 뒤 과달라하라(Guadalajara)에서 지내면서 알게 됐다. 여행할 때에는 도대체 이런 길을 어떻게 다니느냐고 그저 불평하기만 했었다.

그 밖에도 길 위에서 이보다 훨씬 믿을 수 없는 풍경을 마주하기도 했다. 급커브의 산길을 지나는데 바로 밑 낭떠러지로 대형 버스가 굴러떨어지고 있었다. "버스가 굴러가!"라는 와카바야시의 말에 밖을 쳐다보니 진짜였다. 버스가 옆으로 굴러가고 있었다. 사람은 전혀 보이지 않고 버스만 굴러가고 있었다. 사람은 구출하고 버스는 방치해 둔 것일까? 끌어올리는 일이 만만치 않을 성싶은 급커브의 험한 산길이어서 버스는 그냥 놔두자고 했는지도 모른다.

멕시코에선 버스가 무섭게 폭주한다는 사실을 안 것도 그로부터 3년 뒤 과달라하라에서 지내면서다.

어학원 고르기

멕시코 어느 지역에서 스페인어를 배울까 고민하다가 인터넷의 도움을 받기로 했다. '멕시코 어학연수'라고 일본어로 또는 'Spanish language school in Mexico'라고 영어로 검색해 보면 대형 어학원부터 개인 교습소 비슷한 학원까지 의외로 많은 학원이 나오는데 거의 멕시코 전역에 고루 분포해 있다.

어디로 하면 좋을지 한참 고민했다. 아무튼 나는 스페인어뿐만 아니라 멕시코에 대해서도 거의 알지 못했기 때문이다. 『길 위에서』취재로 들렀던 며칠이 유일한 멕시코 체험이었기 때문에 도로 상태가 열악하고, 타이어가 펑크 나고, 버스가 절벽 아래로 굴러가는 정도의, 대부분 편견에 가까운 정보밖에 없다. 게다가 그때는 멕시코시티에서 겨우 1박밖에 하지 않았고 그것도 밤늦게 도착해 문을 닫으려는 레스토랑에서 가까스로 늦은 저녁을 해결하고 잠을 청한 뒤, 이튿날 아침 일찍 체크아웃해서 오전 비행기 편으로 샌프란시스코로 돌아왔다. 그러니 어쩌면 아무것도 모른다고 하는 게 맞을 듯싶다.

적당하다 싶은 곳을 직감적으로 골라서 웹 사이트를 살펴보고 영어로 소개된 어학원 안내를 훑어봤다. 수업 풍경을 담은 사진이나 동영상을 보면서 반 구성, 기간, 수업료, 홈스테이 서

비스 유무 등을 확인했다.

수업 기간을 1주일 단위로 적용하는 학원이 많다는 데에 놀랐다. 즉 1주일이든 2주일이든 3주일이든 원하는 대로 수업을 들을 수 있는 시스템이다. 이런 방식으로 제대로 된 수업이 가능할지 의문스러웠다. 하지만 이런 생각은 멕시코에 온 뒤 외국어 하면 무조건 진지하게 공격 자세를 취하는, 지나치게 고리타분하고 융통성 없는 나의 답답하기 짝이 없는 편견이라는 사실을 깨달았다. 1주일이라도 괜찮으니 잠깐 공부해 볼까 하고 외국어에 대해 좀 더 편하게, 좀 더 자유롭고 가볍게 접근하는 사람이 많았다.

이를테면 과달라하라의 어학원에서 조슈아라는 멋진 미국인 수강생을 만났다. 건강하게 그을린 피부와 날렵해 보이는 인상에 잘 웃고 말도 잘하고 애교도 많아 쉬는 시간이면 조슈아 주위에는 늘 여자들은 물론 남자들도 모여들었다. 그는 20대 후반이었고 라이더였다. 미국에서 멕시코까지 모터사이클을 타고 왔다.

미국 서해안 오리건주를 출발, 밑으로 쭉 내려가 캘리포니아주를 거쳐 티후아나에서 멕시코로 들어왔다고 한다. 이어서 바하칼리포르니아주로 내려가 라파스에서 페리로 바다를 건너 맞은편 시날로아주로 이동했다. 그리고 그곳에서 좀 더 아

래로 내려와 드디어 과달라하라에 도착했다. 열흘 걸렸다고
한다.

하지만 과달라하라가 최종 목적지는 아니었다. 앞으로 멕시
코를 빙 둘러보고 난 뒤 미국으로 가서, 이번에는 북쪽으로 올
라가 캐나다로, 캐나다를 돌고 나선 다시 오리건주까지 12일
만에 돌아갈 거라고 했다.

과달라하라의 어학원은 잠시 거쳐 가는 곳이었다. 내가 듣
는 수업은 5주 단위가 표준 수업이었는데 조슈아는 1주일밖에
나오지 않았으니 1주일만 들을 수 있게 특별히 편의를 봐줬음
에 틀림없다. 모든 일이 이렇듯 협상하기 나름이었다.

과달라하라에서 돌아오고 6년 뒤에 갔던 오악사카(Oaxaca)
의 어학원에도 조슈아와 비슷한 라이더가 있었다. 오스트레일
리아 출신이었다.

오스트레일리아에서 어떻게 모터사이클로 왔는지 묻지 않
을 수 없었다. 배가 아니라 비행기로 로스앤젤레스까지 이동
했다고 한다. 세세한 경로는 물어보지 않았지만 로스앤젤레스
에서부터 모터사이클을 타고 캘리포니아주의 미국 국경을 넘
어 멕시코로 들어왔고 남쪽으로 길을 잡아 오악사카까지 왔단
다. 하지만 그 또한 오악사카가 최종 목적지는 아니었다. 오악
사카에서 어학원 수업을 1주일 동안 듣고 과테말라로, 그리고

더 남쪽으로 내려갈 예정이었다.

모터사이클이 고장이라도 나면 어떡하냐는 질문이 무심코 툭 튀어나왔는데 그의 직업이 자동차 정비사란다. 그렇군. 그렇다면 걱정이 없겠군.

조슈아에게는 물어보지 못했지만 조슈아도 정비사였을까? 조슈아도 그렇고 오스트레일리아 정비사도 그렇고 멕시코인이 사는 곳곳을 날마다 모터사이클로 달리니 살아 있는 스페인어를 피부로 생생히 접할 것이다. 모터사이클 수리가 필요할 때면 부품을 찾기도 하고 길을 묻기도 하는 사이에 스페인어에 서서히 익숙해지기도 할 터이다. 그렇다면 그걸로 된 게 아닐까? 굳이 스페인어 학원을 다닐 필요는 없을 텐데, 그것도 딱 1주일을 말이다.

하지만 분명 두 사람은 나랑은 생각이 정반대였을 듯하다. 멕시코인들 사이를 (정비사는 더 남쪽 남미를) 날마다 달려야 하니 스페인어를 조금이라도 배워 두는 편이 좋다고 생각했을 것이다. 날마다 달리다 보면 스페인어에도 차츰 익숙해지겠지만 그러기에는 아무래도 시간이 많이 걸린다. 학원이라면 집중적으로 스페인어 훈련을 시키니 단시간에 익힐 수 있다. 선생님도 하나하나 꼼꼼하게 가르쳐 줄 것이다. 게다가 어느 학원이든 선생님은 영어를 할 줄 알 테니 이 또한 유용하다. 분명 이런 생각에 두 사람은 학원에 왔으리라.

　멕시코의 스페인어 학원 대부분이 1주일이든 2주일이든 수강생이 바라는 대로 수업을 듣게 해 주는 이유는 조슈아나 오스트레일리아 정비사처럼 여행하기 위해 스페인어를 단시간에 배우고 싶어 하는 여행자가 많기 때문인 것 같다. 어쩌면 여행하는 김에 스페인어를 잠깐 배워 볼까 하는 여행자도 있을 것이다. 문법을 하나하나 따져 가며 차근차근 배우는 것만이 외국어 학습이 아니라는 사실을 새삼 깨달았다. 흔히 배우려 하기보다 익숙해지라고 말하는데 단기 수업은 그런 '익숙해지는 법'을 가르쳐 준다.

　게다가 선생님한테서는 팔딱팔딱 살아 숨 쉬는 생생하고 귀한 정보도 얻을 수 있다. 맛있는 가게가 어디인지, 위험한 지역은 어디고, 재밌는 핫 스폿은 어디인지 등 매우 유용한 정보를 들을 수 있다. 또 오늘내일 있을 행사 일정이라든지 어제 본 게 무엇이었는지 등 궁금증을 바로바로 해결할 수 있다. 호텔 프런트는 이런 질문에 일일이 대응해 주지 않는다. 그런 면에서 학원은 비록 짧은 기간이라 하더라도, 아니 단시간이기에 더욱더 보석 같은 여행 정보 센터 기능을 한다.

　그뿐만이 아니다. 어학원은 대부분 홈스테이 서비스까지 마련해 놓고 있어서 홈스테이를 이용하면 숙소를 찾아 헤매는 수고도 덜 수 있고 숙박비 등의 체류 비용도 절약할 수 있다.

예를 들어 나 같은 경우는 멕시코에 머물던 10달 중 마지막 1달 동안에는 남부를 여행했는데 그때 치아파스(Chiapas)주 산크리스토발데라스카사스(San Cristóbal de las Casas)에 있는 학원에서 1주일 동안 수업을 들었다. 홈스테이 포함이었다. 스페인어 공부가 목적이기보다는 홈스테이를 하는 게 아무래도 편리했기 때문이다.

시기가 연말연시라서 비싼 호텔은 더욱 비싸졌고 빈방도 없었다. 어학원 홈스테이를 이용하면 경비도 절감할 수 있겠다는 생각이 문득 떠올라 인터넷으로 찾은 학원에다 연말연시에 걸쳐 1주일 수업을 홈스테이 3식 포함으로 예약할 수 있는지 묻는 메일을 보냈다. 2010년 연말은 12월 27일이 월요일, 2011년 1월 1일이 토요일이었다. 수업은 월요일에 시작하는 것이 원칙이었기 때문에 27일부터 31일 금요일까지 수업을 받고 홈스테이만 앞뒤로 며칠 여유 있게 해도 되겠냐고 참 뻔뻔스런 요청을 했다.

가능하다는 답장이 왔다. 수업은 특별한 경우라서 일대일 개인 교습을 받기로 했다. 즐겁기도 하고 괴롭기도 한 오전 3시간 수업이 5일간 이어졌다. 하지만 멕시코의 평범한 일반 가정에서 새해를 맞는 귀중한 체험을 할 수 있었던 것이 무엇보다 큰 수확이었다. 자정까지 cacahuate(카카우아테: 땅콩)와 chicharrón(치차론: 돼지 껍질 튀김) 등 변변치는 않지만 맛은 훌륭한 주전부리를 아작아작 먹으면서 기다렸다. 12시가 되자 "Feliz año nuevo(펠리스 아뇨 누에보: 새해 복 많이 받으세요)."라고 말하며 서로를 안아 주었고 그때부터 생선 요리를 비롯한 진수성찬이 차려졌다. 또 정말 우연이었지만 홈스테이를 하던 집 바로 옆집 결혼식에 주인아주머니의 배려로 함께 참석하는, 생각지도 못한 기회를 얻기도 했다. 교회에서 열린 결혼식에 이어 대여섯 명으로 구성된 밴드가 있는 꽤 성대한 피로연에도 참석했다. 피로연은 저녁 8시에 시작해 새벽 2시까지 춤추고, 춤추고, 춤추며 이어졌다. tequila(테킬라)도 프레스카(fresca)라는 소프트드링크를 섞으면 한없이 마실 수 있다는 사실을 피로연에서 배웠다. 이런저런 이벤트까지 즐길 수 있었던 홈스테이의 3식 포함 요금은 1박에 23US달러(약 25000원)였다. 수업료는 1주일에 195US달러(약 212000원)다. 합계를 내 보면 꽤나 경제적이다.

6년 뒤 오악사카에 갔을 때에도 마찬가지로 홈스테이를 했는데 이때는 두 끼 포함 홈스테이로 1박에 24US달러였다. 멕시코에서는 점심(comida, 코미다)을 세끼 식사 중 가장 푸짐하게 먹었고 저녁엔 외식도 즐기고 싶어서 2식으로 했다. 수업료는 1주일에 170US달러였다(산크리스토발데라스카사스와 오악사카의 수업료에 차이가 나는 것은 전자는 개인 교습이고 후자는 그룹 수업이었기 때문이다. 양쪽 학원 모두 수업은 최소 1주일이 기본이고 2, 3일짜리 수업은 없다. 어쩔 수 없이 2, 3일밖에 수업을 받을 수 없다면 그렇게 비싸지 않으니 1주일치 수업료를 지불하고 중퇴하는 방법도 있다. 홈스테이도 최저 1주일이 기본이다. 조슈아와 정비사는 더 싼 호스텔인가 어딘가에 묵었을지도 모르지만 60살을 넘긴 몸으로 호스텔에서 여러 날 묵기는 힘들다).

아홉 달 동안 과달라하라에서 지내고 나서야 나는 이런 단기 수업의 존재 의의를 다시 생각해 보게 되었다. 멕시코에 관한 정보라고는 도로 사정이 열악하다, 펑크가 난다, 버스가 절벽 아래로 굴러간다는 정도의 편견에 가까운 것밖에 없던 초기에는 고지식하게도 기초의 기초부터 차근차근 스페인어를 가르쳐 주는 학원이 가장 좋다고 여겼다. 그래서 1주일이든 2주일이든 편한 대로 이용하라는 식의 학원은 일단 후보에서 제외했다. 게다가 본래 장기 체류를 계획하고 있었기 때문에 단기 연수는 염두에 두지 않았다. 그래서 5주 단위의 수업을 표준 일정으로 둔 과달라하라대학교의 외국인 학습 센터에 등록했다.

숙박은 아파트로 할까 잠시 고민했지만(학원에는 아파트 이용 옵션도 있었다), 식사 준비를 할 여유가 없을 것 같아 학원에서 마련해 주는 홈스테이를 골랐다.

   과달라하라로 정한 이유는 멕시코 제2의 도시이기 때문이다. 제1의 도시인 멕시코시티는 지나치게 큰 듯싶어 제외했다. 하지만 과달라하라도 꽤 큰 도시여서 나는 도시의 극히 일부분만을 어슬렁어슬렁, 터벅터벅 돌아다녔을 뿐이다.

스페인어,
강렬한 태양, 타코,
죽은 자들의 날……
멕시코는 이런 곳!

홈스테이는 '덴푸라'부터

2010년 4월 말 과달라하라에 도착했다. 도쿄는 추웠는데 멕시코는 더웠다. 첫날부터 홈스테이를 하는 건 좀 무리인 것 같아 며칠은 호텔에서 마음의 준비를 하자 싶어 중심가의 호텔을 예약해 두었다. 공항에서 택시를 탔다. 가자, 호텔로.

일본도 그렇고 대체로 어디든 그렇겠지만 운전기사가 적극적으로 말을 걸어오지 않는 이상 택시에서는 조용히 있으면 된다. 호텔 이름을 말하고 장소를 확인했으니 이제 아무 말도 할 필요가 없을 터였지만 왠지 무슨 말이든 하고 싶었다. '저는 이곳에 스페인어를 배우러 왔어요!'라는 패기에서였을까, "덥네요."라고 말하고 싶었다.

그런데…… '덥다'라는 스페인어가 떠오르지 않는다. 지금까지 추운 도쿄에 있어서 그랬는지 '춥다'는 단어만 떠올랐다. frío(프리오). 자, 어떡하지?

당연히 단어를 많이 아는 편이 모르는 편보다 훨씬 유리하다. 그렇지만 아는 어휘가 몇 개 안 될 때에는 그걸로 승부를 볼 수밖에 없다. 나는 말했다.

"no frío(노 프리오)."

즉 "춥지 않다."는 말이었다. 그러나 문법적으로도 왠지 틀린 것 같다는 느낌이 들었고 무엇보다 발음이 어설펐다. 하지만 무슨 말이든 하고 싶다는 마음이 앞섰다. 그래서 생각해 낸 대체어다. '덥다'는 '춥지 않다'는 말이기도 하니까. 이러면 뜻이 통하지 않을까? 운전기사가 의아한 표정으로 뭔가 말을 했다. "어디서 오셨나요?"라고 묻는 것이라고 추측하며 "Japón(하폰)."이라고 대답했다. 일본입니다.

이렇게 멕시코에서의 스페인어 연수가 시작됐다.

춥지 않다는 no hace frío(노 아세 프리오).
덥다는 hace calor(아세 칼로르). h는 묵음이다.

호텔에 머무는 3일 동안 멕시코로 오는 비행기에서 읽기 시작한 우루과이 작가 에두아르도 갈레아노(Eduardo Galeano)의 『수탈된 대지』를 이어서 읽었다. 베네수엘라의 차베스 대통령이 미국의 오바마 전 대통령에게 읽어 보라고 추천한 라틴아메리카 역사가 담긴 명저다. 유럽이 라틴아메리카에서 얼마나 많은 것을 빼앗아 갔는지 정리한 훌륭한 책으로, 세밀하고 치밀한 내용에 절로 고개가 숙여졌다. 하지만 책을 읽는 내내 홈스테이를 하기로 한 집에 도착 사실을 알려야 한다는 사실이 계속 신경 쓰였다.

과달라하라대학교의 외국인 학습 센터에서는 홈스테이 정보를 미리 메일로 보내 줬다. 그래서 내가 홈스테이 할 곳이 75살, 70살 노파 자매가 함께 사는 집이라는 사실은 알고 있었다. 60이 넘은 나이를 고려한 배려였는지 어쨌는지는 모르겠고 그리 신경 쓰지도 않았지만 문제는 노부인 자매가 인터넷을 쓰지 않아 도착 사실을 직접 전화를 걸어 구두로 전해야 한다는 것이었다. 메일이라면 시간이 걸리더라도 어떻게든 문장을 만들어 볼 수 있을 것 같다. 직접 얼굴을 마주하고 얘기하는 거라면 몸짓 손짓이라는 강력한 신체 언어에 의지해 볼 수도 있는데 전화로는 그것도 불가능하다.

드디어 홈스테이 할 집으로 가기 바로 전날, 사전을 펼쳐 가며 문구를 만들었다. 전화기에 대고 만들어 놓은 문구를 그대로 읽기로 했다. 그리고 전화했다.

"일본에서 왔습니다. 아오야마 미나미입니다. 내일 11시에 갑니다."

영어로 말해 주면 좋겠다고 기대했지만 빗나갔다.

그래도 '일본', '내일', '11시', '갑니다'를 여러 차례 반복해서 말했더니 일본인 손님이 도착했다는 사실은 알아들은 것 같았다.

내일은 mañana(마냐나). 11은 once(온세).

가다는 voy(보이).

75살과 70살 자매가 운영하는 홈스테이에 처음 발을 들인 날 75살 언니와 주고받은 첫 대화가 잊히지 않는다. 돌로 된 거실 바닥이 유난히 딱딱하고 차갑게 느껴졌던 이유는 긴장으로 온몸이 굳어 있었기 때문이리라.

내가 아는 몇 안 되는 스페인어 단어 중에 하나 정도는 나오지 않을까, 그렇다면 그 단어를 실마리 삼아 얘기를 풀어 나갈 텐데, 하고 절박한 심정으로 귀를 기울였다.

그때 그녀와 얘기한(얘기했다고 생각한) 내용은 학원에는 어떻게 가면 되느냐, 이 집의 생활시간은 어떻게 되느냐 등 앞으로의 생활에 기본이 되는 정보였다. 자매 모두 영어를 전혀 쓰지 않았고, 할 줄 모르는 듯했기에(어떡하지!) 어떤 언어라도 좋으니까 아는 단어가 나오면 즉시 잡아채려고 만반의 태세를 갖추고 얘기에 집중했다.

일단 60살이 넘도록 일본에 살았으니 모어(母語)인 일본어를 쓸 수 있고 영어와 아주 옛날에 배운 프랑스어도 어렴풋이 기억한다. 흥미롭게도 언어들끼리는 다른 듯 닮은 듯 이어지는 접점이 있고 비슷한 발음도 적지 않다. 이를테면 '흥미롭다'

는 영어로는 interesting, 스페인어로는 interesante(인테레산
테)다. 발음이 비슷하다. 프랑스어로는 intéressant(앵테레상)으
로 더 비슷하다. '중요한'은 영어로 important, 스페인어로는
importante(임포르탄테)로 역시 발음이 닮았다. 프랑스어로는
important(앵포르탕)으로 더욱 닮았다.

  집주인의 스페인어를 유심히 들으면서 아는 언어와 연결되
는 발음을 무의식중에라도 찾아내려 애썼다. 그런데 갑자기,

  "덴푸라."

  이런 소리가 들렸다. 뭐지?

  홈스테이는 3식 포함이었다. 그러니 그녀들과 나눈 첫 대
화에는 채식주의자인지 아무 음식이든 상관없는지 등의 질문
도 당연히 나옴 직하며 그런 말을 했을 거라는 생각이 든다(아
마도). 뭐, 어찌 됐든 나는 뭐든 오케이니 신경 쓰지 않았다. 먹
는 것이 화제가 되고 있다는 사실은 손으로 먹는 흉내를 내 주
어서 알 수 있었다. 몸짓 손짓은 그야말로 강력한 언어다. 그런
대화의 흐름 속에서 느닷없이 나온 단어였다.

  "덴푸라."

  일본어다! 멕시코에 도착한 지 얼마 되지 않았을 때이니 향
수병에 걸릴 새도 없었지만 그녀의 입에서 흘러나오는 스페인
어의 거침없는 물결 속에서 허우적거리던 터라 갑자기 등장한

일본어가 마치 거대한 튜브라도 되는 듯 냉큼 붙잡았다.

　일본 음식이 오늘날 전 세계에 뻗어 나가 있는 것은 많은 사람들이 아는 사실이다. 머지않아 나도 실감하게 됐는데 대표 선수 격인 초밥은 멕시코에서도 인기가 대단하며 한 발 더 나아가 멕시코식으로 독자적인 발전을 이루고 있다. 그러니 그녀의 입에서 덴푸라라는 말이 나왔을 때 나는 순간적으로 다음과 같이 해석했다.

　……당신은 일본에서 왔다. 우리도 일본 음식을 좋아한다. 직접 만들기도 한다. 덴푸라를 좋아하고 만들 줄도 안다. 그러니 기대해라. 뭐든 잘 먹는다고 했으니 조만간 멕시코식 덴푸라를 대접하겠다. ……

　덴푸라의 존재를 모르는 사람이라면 덴푸라라는 말을 들었을 때 아삭바삭한 튀김을 떠올리지는 않을 터다. 하지만 60년 이상 일본인으로 살아온 인간의 슬픔이랄지 기쁨이랄지 스페인어를 알아듣기 위한 내 필살의 집중력은 '덴푸라'라는 소리와 함께 끊겨 버렸다.

　하지만 훌륭한 요리 솜씨를 자랑하는 그녀가 그 뒤로 덴푸라를 해 준 적은 결국 단 한 번도 없었다. 덴푸라는커녕 얼마 안 있어 알게 되었지만 일본식이든 멕시코식이든 자매는 초밥을 먹어 본 적도 없다고 했다. 여름이 됐을 때 두 사람을 위해 일본의 소바 면을 삶아 오이(비슷한 것)를 채 썰고 파(비슷한 것)를 넣고, 달걀로 노란 지단을 부치고, 이상한 일본 이름이 붙은 멕시코제 간장으로 소스를 만들어 "일본에서 여름에 먹는 최고의 별미입니다." 하고 대접했는데 두 사람은 입을 모아 일본 음식을 먹는 것은 처음이라며 "피데오(fideo) 같네."라고 말했다. 피데오는 파스타 면 중에서도 특히 가느다란 베르미첼리(vermicelli) 면을 말한다. 면을 삭둑삭둑 잘라 넣은 피데오 수프는 그녀가 잘하는 요리이기도 하다.

그렇다면 도대체 덴푸라는 무엇이었을까?

수수께끼는 시간이 한참 흐른 뒤에야 풀렸다. 어느 날인가 그때 나온 '덴푸라'는 '템프라노(temprano)'구나라는 생각이 퍼뜩 들었다. '빠르다, 이르다'라는 뜻이다.

이 집에 온 날 그녀는 아침은 일찍 먹는지, 저녁 식사는 빠른 편이 좋은지, 우리는 일찍 잔다 등의 말을 하면서 이 단어를 썼던 듯하다. 그것을 나는 「다모리구락부」(タモリ倶楽部: 일본의 심야 버라이어티 방송 프로그램-옮긴이)의 '소라미미 아워'(空耳アワー: 「다모리구락부」의 코너 중 하나로, 일본어가 아닌 노래 가사이지만 마치 일본어처럼 들리는 노래를 투고받아 제작자가 만든 이미지 영상과 함께 소개한다. 본래 '소라미미'는 '환청을 듣는다' 또는 '못 들은 척한다'는 뜻이지만 '소라미미 아워'에서는 외국어 가사 등을 일본어로 오인한다는 의미로 쓰

였다-옮긴이)처럼 일본어로 알아들은 것이다. 물에 빠진 사람은 지푸라기라도 잡는 법이다.

아무튼 전화위복이라고 위안을 삼으면서 '템프라노'라는 스페인어는 '덴푸라'와 연결해 쉽게 외웠다. 언어뿐만 아니라 뭔가를 외울 때에는 다른 무언가와 연관 지어 외우면 쉽게 기억할 수 있다는 말을 흔히 한다. 이리하여 스페인어의 '빠르다'는 '덴푸라'와 짝을 이루어 내 머릿속에 자리 잡았다.

그녀가 잘하는 '피데오'로 만든 '수프'라는 단어도 내 머릿속에서는 피데오는 쿠바의 피델 카스트로 총리와, 수프는 일본의 소바(일본의 메밀국수-옮긴이)와 연관 지어져 있다. 카스트로는 피델(Fidel)이라는 이름으로 널리 알려져 있다. 그녀가 이 음식은 피데오라고 말한 순간 내 머릿속엔 풍성한 턱수염에 두툼한 시가를 입에 문 바로 그 피델 카스트로가 떠올랐다. 피데오와 피델은 전혀 다르지만 이후 내게는 둘이 짝꿍이 되었다. 수프가 소바와 짝을 이룬 이유는 수프를 스페인어로 소파(sopa)라고 하는데 발음이 비슷하기 때문이다. 워낙에 발음이 비슷해 레스토랑에서 소파를 주문할 때면 머릿속에선 자꾸 소바 이미지가 떠올라 난감했다.

참고로 소바를 일본어-스페인어 사전에서 찾아보면 fideo 라고 나오기도 한다. 뭐, 베르미첼리 정도 굵기이니 소바와 비슷해 보일 것도 같다.

빠르다의 반대말 느리다는 tarde(타르데).

학원이 집에서 가깝다고 하기에 이튿날이 개강이라 미리 한
번 가 보기로 했다. 그녀가 길을 가르쳐 주었다. 왼쪽, 오른쪽,
직진 이런 말을 했다(라고 생각한다). 하지만 길을 한참 헤맨 끝
에 학원 주소를 적어 둔 메모를 보면서 어찌어찌 도착했다. 가
는 길에 보니 긴 단어 하나가 벽 이곳저곳에 붙어 있었다.

‘estacionamiento’

과달라하라에 도착하고 나서 가장 먼저 눈에 들어온 단어
이기도 하다. 사전을 가지고 있지 않아서 뜻을 확인할 수는 없
었지만 계속해서 나타나는 이 단어를 보는 사이에 혹시 ‘주차
장?’이 아닐까라는 생각이 들었다. 빙고! 주차장이 맞았다. 발
음은 ‘에스타시오나미엔토’.

멕시코에서 지내는 동안은 이렇게 해서 단어를 익혀 갈지도
모르겠다.

오른쪽은 derecha(데레차). 왼쪽은 izquierda(이스키에르다). 직진은
derecho(데레초). 오른쪽과 직진이 비슷해서 자꾸 헷갈린다.

첫 스페인어 작문

첫날에는 반을 나누는 간단한 시험을 봤는데 나한테는 전혀 간단하지 않았다. 한 달 치만 반복해 들은 NHK 강좌 따위는 당연히 아무런 도움이 되지 않았으며 겨우 아는 단어 몇 개를 짜깁기해 답안지 여백에 허무하게도 이런 문장 하나를 달랑 써 넣었다.

Hay muchos perros(아이 무초스 페로스).

뜻은 '개가 많이 있다.'이다.

왜 이런 문장을 썼는지 사실 나도 잘 모르겠다.

과달라하라에 오기 전에 구로누마 유리코(黒沼ユリ子)의 『멕시코에서 보낸 편지』를 뒤늦게나마 읽어서였을까? 『멕시코에서 보낸 편지』는 1980년에 나온 책이다. 저명한 바이올리니스트인 구로누마가 멕시코시티에 아이들을 위한 훌륭한 바이올린 학교를 설립했다고 들은 적이 있어서, 멕시코에서 아이들에게 바이올린을 가르치는 일에 관해 쓴 책일 거라고 멋대로 상상하며 책을 집었는데 내용은 전혀 달랐다. 바이올린 얘기는 거의 나오지 않았고 멕시코 시골 이야기가 중심이었다. 표지에는 '인디헤나(Indígena) 사이에서 든 생각'이라는 부제가 붙어 있는데 '1년 남짓 멕시코의 중앙부 동북쪽에 있는 와스

테카(Huasteca) 지방의 산속 우에후토라라는 시골마을에서 보낸 날들을 기록한' 책이었다. 인디헤나는 원주민을 뜻한다.

책 내용 중 구로누마의 아들이 멕시코시티에서 데리고 온 푸들 이야기가 가장 인상에 남았다. 도심에서 자라던 귀여운 푸들은 시골로 이사 온 뒤 매일이다시피 들개들의 습격에 치이며 지내야 했다. 그렇게 수도 없이 습격을 당하는 사이 푸들의 모습에 변화가 나타났다.

"문득 쿠로를 쳐다봤더니 요 몇 달 사이 무척 듬직해져 있었다. 집 안에서 키우던 페르라(perla: 진주)라는 이름을 가진 푸들의 아들이라고는 도저히 믿기지 않을 정도였다. 강렬한 태양과 흙먼지 속에서 지내다 보니 반질반질 윤이 나던 검은 털은 까칠까칠 거칠어졌고 멍했던 눈에는 어느샌가 날카로움이 감돌았다."

개도 환경에 따라 성장해 가는구나 하고 감탄했었다. 그와 동시에 역시 개가 많구나 하는 생각도 했는데, 잭 케루악의 소설 『길 위에서』에도 등장인물들이 멕시코 여행 도중 노숙하던 날 밤 컹컹 짖어대는 들개 떼에 놀라는 장면이 나온다.

"갑자기 어둠 속에서 개가 사납게 짖어대는 소리가 들리더니 이어서 또각또각 말발굽 소리가 희미하게 들렸다. 소리는 점점 가까워졌다. 이런 밤에 도대체 어떤 미친놈이 말을 타는 걸까? 그때 갑자기 나타났다. 유령처럼 하얀 야생말이 빠른 속도로 곧장 딘 쪽으로 달려왔다. 그 뒤로 개들이 컹컹 야단스레 짖어대며 쫓아왔다."

왠지 몽환적인 풍경인데 혹여 꿈이라 하더라도 아마 낮에 야생말이나 들개를 많이 봤기 때문일 것이다. 실제로 케루악의 여행 자취를 뒤쫓아 자동차로 (타이어가 펑크 날 정도로) 멕시코를 폭주한 2007년 여행에서도 도로 바로 옆에서 하얀 말이 풀을 뜯는 광경을 여러 번 마주했고(야생말인지 아닌지는 알 수 없지만) 마을로 들어가 차를 세우면 깡마른 들개들이 짖으며 다가왔다. 마치 왜 자신들의 땅에 함부로 들어왔냐고 따지는 양 자동차가 지나가도 좀처럼 길을 비켜 주지 않은 채 차 바로 앞까지 다가왔다. 개들은 "무슨 일로 왔나?"라고 묻기라도 하는 듯했고 아무래도 미심쩍다는 표정을 지으며 뒤돌아섰다. 산간 작은 마을에서는 도로 한가운데에서 보란 듯이 교미하는 개들도 만났다.

구로누마가 살던 우에후토라는 케루악 소설의 등장인물이 노숙한 숲에서 지도상으로 100킬로미터 떨어진 곳이다. 구로누마는 1970년대 초 그곳에 살았고 케루악은 1950년 그곳을 지나갔으며 나는 2007년 그 주변을 지나갔다. 반세기 이상이나, 아니 훨씬 이전부터 줄곧 그 길은 분명 들개가 '여긴 내 땅

이야.' 하는 얼굴로 뛰어다니던 영토이지 않았을까?

레벨 테스트를 받으며 궁지에 몰린 내가 "Hay muchos per-ros."라고 쓴 것은 이런 개와 관련된 몇몇 기억이 무의식중에 갑자기 작동했기 때문인지도 모른다. 뭐, 진상은 알 수 없다. 아무튼 이 문장이 멕시코에서 내가 쓴 첫 스페인어 작문이 되었다. NHK 강좌 한 달 치만 들으면 쓸 수 있는 간단한 구문이다.

이튿날 아침 학원에 갔더니 반 구성 결과가 게시판에 붙어 있었다. 분명 시험관이 황당해 마지않았을 뜻 모를 문장을 하나 툭 던져 놓은 나는 당연히 'Nivel(니벨) 1(uno, 우노)'였다. 레벨 1이다.

hay는 매우 유용한 단어다. 영어의 there is, there are에 해당하며, 단수일 때도 복수일 때도 구분 없이 쓸 수 있다. muchos perros의 mucho는 많이, perro는 개. 명사가 복수이면 형용사에도 복수를 뜻하는 s가 붙는다.

Nivel 1 클래스에는 영국인, 캐나다인, 오스트레일리아인, 한국인, 그리고 나, 이렇게 다섯 명의 학생이 있었다. 20대 학생은 캐나다인 마거릿뿐이고, 영국인인 스티븐과 오스트레일리아인 히스는 30살 전후, 한국인 김은 57살, 내가 가장 나이가 많았다.

김은 벌써 회사를 은퇴했다. 한국에서는 정년이 빠르다고 들은 적이 있는데 "벌써?"라고 물었더니 대부분 그렇다고 해서 새삼 놀랐다. 무역 관련 일을 오랫동안 해 왔고 멕시코 주재원으로도 오래 지냈다고 한다. 과달라하라가 마음에 들어 은퇴하면 이곳에서 살아야겠다고 오래전부터 마음먹었다고. 그래서 집도 빌리고 차도 샀다고 했다. 멕시코 주재원이었는데 어째서 Nivel 1냐고 단도직입적으로 묻고 싶었지만 실례일 것 같아 묻지 못했는데 왜 한국에 살지 않느냐고 물은 적은 있다. 대답은, "서울은 너무 추워. 추운 건 정말 싫거든."이었다.

결혼해서 아내가 있다고 하기에 아내는 언제 오는지 물었다.

"싫어해. 멕시코에는 오기 싫대."

그럼 어떻게 하려고? 역시 이런 질문은 실례일 테니 잠자코 있었더니 얼굴을 살짝 찌푸리며 "설득은 해 보는데 쉽지 않네."라고 했다. 몇 달 뒤 다시 김과 얘기했을 때에도 "아직 올 마음이 없나 봐."라고 하기에 아내를 설득하지 못해 힘들어하는구나 싶었는데 "멕시코 여성은 예쁘군."이라고도 하고, "앞으로는 페드로라고 불러 줘."라고 멕시코 이름을 대기도 하는 걸 보아하니 김의 심경에 뭔가 변화가 일어났는지도 모르겠다.

우리 반 선생님은 작고 통통한 여성으로, 이름은 메르세데스다. "메르세데스 소사(Mercedes Sosa)와 같은 이름이에요."
라고 자기소개를 했는(한 것 같은)데 다들 아무 반응이 없자 "자
동차 메르세데스와 같은 이름이에요."라고 다시 말했다. 메르
세데스 소사는 아르헨티나의 가수로, 「Gracias a la Vida(그라
시아스 아 라 비다: 생에 감사해)」라는 명곡으로 유명한데 반 친구
들도 바로 생각이 안 났나 보다. 나 또한 꽤 시간이 흐른 뒤에
야 메르세데스가 첫 수업에서 그런 말을 했다는 사실을 깨달
았다.

메르세데스는 40대 중반 정도로 나보다 훨씬 어렸고 김보
다도 어렸다. 그런데 수업 첫날부터 수업에 들어올 때면 늘,
"Hola, chicos(올라, 치코스)."라고 말하며 들어왔다. chicos의
뜻은 어린이, 소년, 청년이다. 사전을 보면 이에 해당하는 대상
은 아무리 많이 잡아도 30살 정도까지다. 그런데도 멕시코 교
실에서는 어디서나 교사들이 이 말을 기계적으로 쓰는 듯했
다. 6년 뒤 오악사카에서 다녔던 학원에서도 교실에는 교사보
다 훨씬 나이 많은 수강생들뿐인데 교사가 "Hola, chicos."라
고 말하며 교실에 들어왔다. 오악사카에서 함께 수업을 들은
내 또래의 미국인 루이스는 "이 나이에 chicos라고 불리니 기
분 좋은데. 젊어진 기분이야."라고 말하기도 했다.

메르세데스는 교실에서는 스페인어만 쓰라고 스페인어로

말했지만 아무래도 Nivel 1이다. 가끔씩 영어가 섞인다. 교사는 모두 영어를 할 줄 알았다.

나는 매일 『Pocket Oxford Spanish Dictionary』를 가지고 다녔다. 포켓이라는 이름이 무색하게 1050쪽이나 되는 두꺼운 스페인어-영, 영어-스페인어 사전이다. 교실에서는 어차피 일본어는 통하지 않으니 스페인어-일본어, 일본어-스페인어 사전은 방에 두고 다녔다. 수업 시간 내내 사전을 뒤적거리기만 했던 기억이 난다.

메르세데스는 스페인어에 대해 스페인어로 설명한다. 모두가 멍한 표정으로 있으면 어쩔 수 없다는 듯이 영어로 다시 설명하고, 모두가 알아듣겠다는 표정을 지으면 곧 다시 스페인어로 돌아간다. 수업 내내 이런 방식이 되풀이되었다. 수강생은 다섯 명이다. 메르세데스는 누가 정말로 알고 누가 잘 이해하지 못하는지 분명 다 파악하고 있었을 것이다. 나는 이런 말을 자주 들었다.

"미나미, ¿entiendes?(엔티엔데스: 이해했어요?)"

그러면 나는 이렇게 대답한다.

"más o menos(마스 오 메노스)."

대충, 그런대로, 이런 뜻이다. 사실 잘 알지 못하지만 이렇게 대답한다. 이 대답은 오스트레일리아에서 온 히스가 알려 줬다.

히스는 180센티미터가 넘는 장신에 세련되고 애교 넘치는 남성이다. 여성들의 이목을 끄는 매력적인 분위기 덕분인지 멕시코인 여자 친구 집에서 홈스테이를 하고 있다. "벌써 여자 친구를 사귀다니!" 하며 감탄해 마지않자 역시나 이곳에 와서 사귄 것이 아니라 페이스북에서 알게 됐는데 멕시코까지 직접 만나러 온 것이었다. 멕시코에 온 김에 스페인어나 배워 볼까 싶어 학원에 왔다고 한다. 수업이 끝나면 여자 친구로 보이는 여성이 로비에서 기다리는 일이 종종 있었다. 그녀를 만나는 일이 멕시코에 온 가장 큰 목적이기에 학원은 늘 뒷전이었다. 숙제는 전혀 해 오지 않았고 지각과 결석을 밥 먹듯이 했다.

그런 그에게 어느 날 메르세데스가 "히스, ¿entiendes?"라고 묻자 히스가 "más o menos."라고 대답했다. 메르세데스의 질문에 늘 뭐라 대답해야 할지 몰라 머뭇대던 내게는 하늘의 계시와 같았고 그때부터는 만병통치약이라도 되는 듯 이 표현을 유용하게 사용했다. 그러다 어느 날은 메르세데스가 "미나미, ¿entiendes? …… ¿más o menos?"라고 먼저 묻는 바람에 그저 싱긋 웃고 말았다.

멋쟁이 히스는 날마다 다른 스타일로 잔뜩 멋을 내고 학원에 나타났다. 그런 히스 덕분에 외우게 된 또 하나의 스페인어가 pantalón(판탈론: 바지)이다. 그리고 스페인어의 기본 규칙 하나도 배웠다. 늘 그렇듯이 지각을 한 히스가 어제와도, 그제와도 다른 멋스러운 바지를 입고 나타나자 메르세데스가 물었다.

"¿Cuántos pantalones tienes?(쿠안토스 판탈로네스 티에네스?)"

메르세데스는 히스의 대답을 기다리지 않고 방금 말한 문장을 칠판에 적고 "당신은 바지가 몇 개입니까?"라는 뜻이라고 여러 번 친절하게 스페인어로 이해시킨 뒤 뒤이어 스페인어 규칙을 설명해 줬다.

단수일 때는 pantalón이다. 악센트가 'o'에 오기 때문에 악센트 부호를 붙인다. 스페인어 단어는 일반적으로 뒤에서 두 번째 음절에 악센트가 오는데 예외가 되는 단어는 악센트의 위치에 따라 악센트 부호를 붙인다. 복수는 pantalones다. 따로 표시를 하지 않았으니 뒤에서 두 번째 음절에 악센트가 온다. 메르세데스가 규칙을 잊지 말라고 당부했다.

메르세데스는 몇 가지 예를 칠판에 쓰면서 스페인어로(영어도 조금 섞어 가면서) 설명을 했다. 그 뒤로 악센트 부호를 붙이는 방식을 생각할 때면 늘 메르세데스가 이때 해 준 설명이 떠오른다. 아무튼 매일이다시피 지각하는 멋쟁이 히스의 바지를 소재로 한 시의적절한 설명이었다. 훌륭한 교수법에 감탄할 따름이다.

히스는 Nivel 1 5주 수업이 끝나자 학원에서 자취를 감췄다. 그리고 몇 달 뒤 페이스북으로 지금 태국에 있다고 알려 왔다. 어쩌면 이번엔 태국인 새 여자 친구 집에서 홈스테이를 하고 있을 듯하다. 태국어 공부도 겸하면서 말이다.

음절은 간단히 말하면 이른바 모음인 a, i, u, e, o를 말한다. 스페인어의 이 다섯 음절의 발음은 일본어의 아, 이, 우, 에, 오와 똑같다. 예를 들어 hola는 2음절 단어인데 일반적인 규칙대로 악센트는 뒤에서 두 번째에 오기 때문에 악센트 부호가 없다. 발음을 보자면 h가 묵음이어서 '올라'라고 읽으면 된다. 정말로 쉽다. 의미는 영어의 hello.
또 스페인어에서 무엇보다 쉬운 규칙은 의문문과 감탄문을 각각 의문부호와 감탄부호로 둘러싸는 것이다. 게다가 앞쪽은 부호를 뒤집어서(!) 쓴다. ¿entiendes?, ¡hola! 이런 식이다. 어쩐지 활달한 기운이 느껴져 단어만 봐도 유쾌하다.

그링고들의 환호성

 Nivel 1 클래스 수강생은 히스, 김, 마거릿, 스티븐, 나, 이렇게 다섯 명이다.

 그러니 메르세데스가 우리 중 누군가를 향해 "에스테반"이라고 불렀을 때에는 도대체 누구를 부르는 건지 알 수가 없었다. 호명된 당사자도 자신이 호명된 것을 모르는 듯 어디에서도 대답은 나오지 않았고 부재중인 에스테반을 부르는 목소리만 교실을 공허하게 떠돌았다.

 그때 메르세데스가 스티븐을 가리켰다. 에스테반은 스티븐을 말한 것이었다. 늘 점잖은 편인 스티븐 본인도 당혹스런 표정이었다. 메르세데스가 이런 이름의 변화를 제대로 설명해 주지 않아서 나는, 그리고 아마 당사자인 스티븐도 스티븐을 에스테반이라고 부르는가 보다고 그저 지레짐작 받아들일 따름이었다. 스티븐이 'Steven'인지 'Stephen'인지는 모르지만 어느 쪽이든 스페인어로는 'Esteban'이 된다는 사실을 말이다.

 하지만 이 변화를 접하면서 스페인어의 원리(?) 하나를 발견했다. 발견이라고 말하면 너무 호들갑 떠는 것 같지만 메르세데스도, 다른 누구도 가르쳐 준 적이 없으니 내게는 '발견'인 셈이다. 언어를 배우는 어린아이도 분명 제 나름의 이런 '발견'을 하나둘 쌓아 가면서 언어를 습득하겠지.

내가 발견한 원리는 다음과 같다. st로 시작하는 영어 단어가 스페인어에서는 est로 시작한다.

Steven 또는 **St**ephen → **Est**eban

이것뿐만이 아니다.

study → **est**udiar(에스투디아르)

student → **est**udiante(에스투디안테)

studio → **est**udio(에스투디오)

stadium → **est**adio(에스타디오)

station → **est**ación(에스타시온)

state → **est**ado(에스타도)

더 많이 있는지 이 정도밖에 없는지는 모르지만 이 원리를 적용하면 단어를 외우는 스트레스가 훨씬 줄어들겠다 싶어서 신이 났다. 그렇군, 스트레스의 영어 단어 '**st**ress'도 스페인어로는 '**est**rés'잖아!

하고 싶은 말 중에 'st'로 시작하는 영어 단어가 있다면 일단 'est'로 바꿔서 말해 보기도 했다.

그러나……

street는 estreet? 이건 ×.

stand는 estand? 이건 △.

이러니 내가 발견한 원리는 보편적인 것은 아닌 듯한데 단어를 배우는 아이들이 잘못 말하는 경우는 아이 나름대로 발견한 이런 원리가 보편적이지 않은 데에서 기인하는 것이 아닐까 싶기도 하다.

Steven 또는 Stephen은 Esteban이 되는데 영어의 'v'가 'b'로 바뀌는 것에도 주목하자. 스페인어에서는 v나 b나 발음이 똑같으며 둘 사이에 구분이 없다. 스페인어는 로마자를 읽듯이 읽으면 되는데, 즉 v도 b도 일본어의 바비부베보로 읽으면 된다. 이건 편하다. 하지만 'ven'이 'ban'이 되는 이유는 모르겠다…….

오전 수업은 한 시간 반씩 2교시이고 이 가운데 1교시만 들을 수도 있는데 2교시까지 듣는 것을 추천한다. 2교시는 Nivel 2(dos, 도스)이기 때문에 무리이지 않을까 싶었는데 내가 과달라하라에 온 목적은 스페인어 공부이고, 별달리 할 일도 없는 데다가 어려워도 어떻게든 되겠지 하는 심정으로 일단 등록했다.

교실에 들어가 보니 Nivel 1에서 만난 낯익은 얼굴들뿐이었다. 그중 한국인 김만 빠졌는데 얼마 안 있어 히스도 나오지 않아 결국 마거릿, 스티브, 나, 이렇게 셋이서 수업을 들었다. 수강생이 적으면 적을수록 어학 학습에 유리할 테니 과분한 교육 환경인 것만은 틀림없지만 정작 수강생 당사자 입장에서는 숨 막히는 면도 있다. 마거릿도 스티븐도 나도 어느새 말수가 점점 줄어들었고 교실은 늘 조용했다.

2교시 선생님은 30대 중반의 라울이다. 대단히 세련된 멋쟁이로 '우후후' 하고 온화한 웃음을 지으면서도 날카로운 말을 거침없이 내뱉는 멕시코인이었다. 이를테면 멕시코인 대부분이 가톨릭 신자라는 얘기가 나왔을 때였다. 가톨릭 신자가 많은 이유는 16세기에 멕시코를 침략한 스페인 침략자들이 스페인어와 함께 가톨릭을 강요했기 때문으로, 원주민의 사원을 파괴하고 그 자리에 가톨릭교회를 지었는데 언젠가 라울은 미소 띤 얼굴로 이런 말을 했다(는 사실을 몸짓으로 알 수 있었다).

"카톨리코는 끊임없이 인디오를 살해하고는 성호를 그었어요."

가톨릭을 스페인어로는 'católico(카톨리코)'라고 하는데 이 말을 할 때 라울의 몸짓(목을 긋고 성호를 긋는)에선 어딘지 모르게 섬뜩함이, 미소 지은 얼굴에선 오싹함이 느껴졌다. 그리고 칠판에 'agnóstico(아그노스티코)'라고 쓰고 "나는 이거예요."라고 말했다. 영어의 애그노스틱(agnostic)의 스페인어였다. 불가지론자란 뜻이다.

그렇지만 라울은 장난기가 많아서 "미나미, 시계 멋있네요."

하고 책상 위에 벗어 놓은 지극히 평범한 내 세이코 손목시계를 쓱 가져가서는 자기 팔에 차는 등 악의 없는 장난을 치기도 했다. 수업이 끝나도 돌려줄 생각을 안 하기에 "돌려줘요." 하고 말하자(말했다고 해야 할까? 몸짓 손짓을 하자), "¿Qué?(케: 뭐를?)" 하고 물었다. 시계가 스페인어로 'reloj'인 것을 떠올리고는 대답을 하자 라울이 발음을 고쳐 주었다. 'reloj(렐로흐)'는 일본인이 가장 힘들어 하는 'r'과 'l' 발음이 연달아 나와서 발음하기가 무척 어렵다. 로마자 읽기 방식으로는 제대로 읽을 수 없는 스페인어 가운데 하나인데 라울은 놀고 있는 듯했지만(놀고 있다고 해야 할까? 장난치는 것처럼 보였지만), 사실은 수업에 성실한 뛰어난 교사였다.

라울은 멕시코에 관한 이야기를 들려주거나 장난을 걸면서라도 어떻게든 침체된 수업 분위기를 활기차게 바꿔 보려 했다. 그럼에도 교실은 대체로 조용해서 다른 교실의 수업, 특히 Nivel 6(seis, 세이스)의 웅성거림이 교실을 지배할 때가 많았다. Nivel 6는 미국 대학에서 온 학생들이 단체로 수강하고 있었는데 스페인어는 이미 대학에서 충분히 배우고 왔는지 미국 학생들은 대부분 Nivel 5(cinco, 신코)나 6 같은 중급반이나 Nivel 7(siete, 시에테)나 8(ocho, 오초) 같은 상급반에 들어갔다. 학생 수가 꽤 돼서 학원에서도 그들을 위한 주말여행 등의 이벤트를 다양하게 준비했는데 그런 이벤트에는 중급·상급반이 아니더라도 참가할 수 있었다. 나도 학원에 들어온 지 2주째 되는 주말에는 테킬라로 당일치기 버스 여행을, 3주째 주말에는 과나후아토(Guanajuato)로 1박 2일 여행을 다녀왔다. 테킬라는 알다시피 멕시코를 대표하는 술인데 그 명칭이 산지 마을 이름에서 유래했다. 테킬라는 과달라하라에서 버스로 두 시간 정도 걸리는 조용한 마을이다. 과나후아토는 언덕에 무리 지어 넓게 펼쳐진 알록달록하고 아담한 집들의 색채가 인상적인 곳으로, 유네스코에 등록된 세계유산이기도 하다. 미라 박물관도 있다기에 설마 싶어 가 봤는데 진짜로 미라가 전시되어 있어 깜짝 놀랐다.

미국에서 온 단체 학생들은 내가 갔을 때만 우연히 있었던 게 아니다. 과달라하라대학교 외국인 학습 센터의 주 고객은 사실 미국 대학생이다. 사무장인 하비에르는 어학연수생을 모집하기 위해 늘 미국 전역의 대학을 돌아다니고 메르세데스도 가끔씩 미국으로 영업을 하러 나간다.

이전에는 일부러 모집하러 다니지 않아도 미국 대학생들이 어학연수를 많이 왔다고 한다. 하지만 마약 조직 간의 전쟁이 점점 심각해지면서 멕시코 어학연수를 기피하는 대학이 늘어 수강생이 크게 줄었다. 미국의 인터넷 여행 사이트에도 멕시코로 여행할 때에는 조심하라는 등의 경고문이 적혀 있을 정도다.

멕시코 마약의 소비자는 미국인들이다. 과거에는 콜롬비아가 미국 마약 시장의 주요 공급책이었고, 1970~1980년대에는 콜롬비아의 최대 마약 조직 메데인 카르텔(Medellín Cartel)이 마약 공급을 도맡다시피 했다. 이 조직의 보스 파블로 에스코바르(Pablo Escobar)는 경제 잡지 『포브스(Forbes)』의 세계 부자 순위에 이름을 올릴 정도로 엄청난 자산가였으며 국회의원을 지내기도 했다.

멕시코의 마약 전쟁을 그린 미국의 다큐멘터리 영화 「카르텔 랜드(Cartel Land)」 팸플릿에 수록된 연표를 보면 1993년 에스코바르가 사살되고 난 뒤로 변화가 생겼음을 알 수 있다. 미국과 콜롬비아 정부의 압력으로 콜롬비아의 마약 조직은 약화되고 대신에 멕시코의 마약 조직이 세를 확장하기 시작했다.

"1994년 미국, 캐나다, 멕시코 간 북미자유무역협정(NAFTA) 발효. 멕시코 국경의 물류량이 비약적으로 늘고 멕시코의 마약 조직 활동도 활발해짐.

1997년 멕시코 북동부에 근거지를 둔 걸프 카르텔이 무장부대 세타스 결성.

2000년 국민행동당(PAN)의 비센테 폭스 케사다(Vicente Fox

Quesada)가 멕시코 대통령에 당선되면서 71년에 걸친 제도혁명당(PRI)의 독재 지배 종식. 마약 마피아와 오래도록 유착해온 PRI가 정권에서 물러나면서 멕시코 국내의 마약 비즈니스 지배 지도 급변.

2000년대 초반 멕시코 북동부의 세타스와 멕시코 북서부를 지배하는 시날로아 카르텔의 전쟁 격화. 2005년에는 멕시코 국내 범죄 조직과 연관된 살인 사건 1500여 건 발생.

2006년 PAN의 펠리페 칼데론(Felipe Calderón)이 멕시코 대통령에 취임. 마약과의 전쟁 선포. 미초아칸주, 북부 국경 지대에 군대 파병. 하지만 오히려 마약 조직 간의 전쟁을 유발하면서 살인 건수 급증. 폭력의 회오리바람이 몰아침. 2006~2012년 칼데론 정권하에서 마약 전쟁 관련 희생자는 공식 집계로는 6만 명, 비공식적으로는 12만 명에 이름."

내가 과달라하라에 머물던 때가 2010년이었으니 세상에, 마약 전쟁의 소용돌이 한가운데에 있었던 셈이다. 당시 나는 연표에 나온 세세한 사실을 거의 알지 못했는데 학원 측에서는 수강생들이 걱정할까 봐 그랬는지 교사들을 통해 미국과 국경을 접하는 북쪽은 좀 뒤숭숭하지만 이곳은 괜찮다는 말을 수도 없이 했다. 동서남북 가운데 norte(노르테: 북)라는 단어를 가장 먼저 익히게 된 것도 이 때문이다.

갑자기 Nivel 6 교실에서 "우아!" 하는 환호성이 들려왔다. 늘 쾌활한 미국인들이니 항상 시끌벅적하기는 했지만 이번 환호성은 특별히 더 요란스러웠다. 그러자 Nivel 2의 말 없는 캐나다인, 영국인, 일본인을 상대로 고군분투하던 라울이 쓴웃음을 지으며 이렇게 중얼거렸다.

"gringo, gringo(그링고)."

그링고는 본디 외국인이라는 뜻이지만 멕시코에서는 오직 미국인만을 가리킨다. 경멸, 멸시의 뉘앙스가 있기 때문에 미국인 앞에서는 주의해야 한다. 무엇보다 이런 종류의 단어들은 상황이나 상대에 따라 멸시의 뉘앙스가 강해지기도 약해지기도 하기 때문에 제대로 잘 쓰면 상대와의 친밀감을 높일 수 있는 반면 잘못 쓰면 공연히 반감을 산다. 라울은 미국에서 온 학생들에게도 종종 이 단어를 편하게 쓰곤 하는데 단어의 쓰임새를 잘 알기 때문이리라. 하지만 미국인이 없는 Nivel 2 교실에서 라울의 입에서 튀어나온 이 단어를 처음 들었을 때에는 "미국인들 때문에 정말 못살겠다니까."라는 멕시코인의 한탄이 들리는 듯했다.

미국인이 마약을 소비하지 않는다면 멕시코에 마약 조직 범죄는 없을 것이고, 나아가 학원도 미국 학생 모집에 고생하는 일은 없을 것이라는 의미의 한탄 말이다.

동서남북 가운데 남은 sur(수르), 동은 este(에스테), 서는 oeste(오에스
테).

Nivel 1 수업에서는 각 나라 사람을 어떻게 부르는지 한꺼
번에 왕창 배웠는데 어차피 전부 기억하기는 무리였고 날마
다 접하는 사람들 먼저 외웠다. 오스트레일리아인→austra-
liano(아우스트랄리아노), 한국인→coreano(코레아노), 캐나다
인→canadiense(카나디엔세), 영국인→inglés(잉글레스), 일본
인→japonés(하포네스).

영어와 비교해 볼 때 무엇보다 어느 나라 사람이든 대문자
로 시작하지 않는다는 점이 신선했다. 즉 Japonés가 아니라
japonés다. 국가를 들먹거리지 않는 느낌이라서 왠지 마음에
들었다.

그런데 미국인은 도무지 입에 붙지 않는다. 미국인은 es-
tadounidense(에스타도우니덴세)라고 한다. 영어 the United
States를 스페인어로 하면 los Estados Unidos가 된다. 여
기서 생겨난 단어인 듯한데 일단 너무 길고 미국만 합중국
인 것은 아니다. 멕시코도 합중국으로 'los Estados Unidos
Mexicanos'가 정식 명칭이다. 그러니 왜 미국인만 estadoun-
idense라고 하는지 도통 이해가 안 갔다. 이해가 안 되니 이

단어는 도통 외워지지 않아 가장 먼저 외운 norte를 사용해 norteamericano(노르테아메리카노)라고 썼다. 길기는 하지만 '북미인'임을 바로 알 수 있다.

coreano는 한국인 남성을 가리킨다. 여성은 어미 o가 a로 바뀌어 coreana가 된다. australiano도 마찬가지다. gringo도 여성을 가리킬 때에는 gringa.

inglés와 japonés처럼 o로 끝나지 않을 때에는 a를 붙이기만 하면 여성형이 된다. inglés→inglesa, japonés→japonesa. 악센트 부호가 없어지는 이유는 이 책 64~65쪽을 참조할 것.

canadiense와 estadounidense처럼 어미가 e인 단어는 남녀 같이 쓴다.

타코에 살사와 리몬 가득

내 방은 2층에 있었고 동향으로 다다미 6장(약 10제곱미터, 3평-옮긴이) 정도 크기인데 다다미 3장 정도 크기의 테라스가 따로 붙어 있어 널찍해 보이고 비좁은 느낌은 들지 않는다. 주변은 대부분 단층집이어서 테라스에선 꽤 먼 거리 풍광까지 즐길 수 있다. 매일 아침 테라스 쪽 커다란 유리문의 커튼을 젖히면 드넓은 하늘에 새빨간 태양이 환한 얼굴로 기다리고 있다. 그때마다 그 거대함에, 누가 말했는지는 모르지만 "그렇군! '태양의 나라 멕시코'로군." 하고 감탄하며 상쾌한 아침을 맞는다. 과달라하라는 표고 1500미터를 넘는 고원 도시여서인지 그곳에 머물던 9개월 동안 어느 계절에나, 적어도 아침에는 아무리 태양이 새빨갛더라도 덥다고 느낀 적이 없다.

테라스에서 내다보이는 도로에는 원통형, 구형으로 예쁘게 깎아 다듬은 수목이 늘어서 있다. '토피어리'는 나무 손질법의 하나로, 영화에 나오는 유럽의 대저택 정원에서나 볼 수 있는데 이곳에선 주택가의 평범한 가로수도 토피어리로 손질되어 있다. 과달라하라에서 지내는 동안 늘 식물의 생태에 매료되곤 했는데 맨 처음 나를 놀라게 한 식물이 바로 집 앞 도로에 줄지어 늘어선 이 아름다운 토피어리 나무들이다.

옆에서 바라보면 원통형과 구형의 초록색 잎들 사이로 감귤류의 열매가 잔뜩 달려 있다.

"이게 limón(리몬)인가요?"

홈스테이를 시작하고 몇 개월 지났을 때인데 열매 하나를 가지에서 잡아떼 집으로 가지고 돌아와 쿠카에게 물었다.

쿠카는 홈스테이를 하던 집의 75살, 70살 자매 중 언니의 이름이다. 동생 이름은 메라다. 쿠카와 메라, 마치 동화에나 나옴 직한 이름이지만 두 이름 모두 애칭인 듯하고 진짜 이름은 전혀 다르다. 한번은 이런 애칭을 쓰게 된 연유를 물은 적이 있는데 스페인어 초급자에게는 알아듣기 힘든 복잡한 이야기라서 이해하지 못했다.

리몬은 과달라하라에 오자마자 친숙해진 열매다. 멕시코 음식 중에 맨 처음 좋아하게 된 게 tacos(타코스)다. 타코만 전문으로 파는 taquería(타케리아: 타코 가게)나 노점이 거리 곳곳에 무척 많은데 타코는 일본으로 치면 라멘처럼 손쉽게 접할 수 있는 멕시코의 대표 대중 음식이다. 타코를 파는 곳에 가면 반드시 금귤보다 조금 클까 말까 한 크기의 초록색 감귤류 열매가 두 쪽으로, 또는 네 쪽으로 쪼개진 채 산처럼 쌓여 있다. 처음에는 이게 도대체 뭐지? 하고 이상해했는데 주위를 둘러보니 사람들이 모두 이 열매를 짜서 타코 위에 살살 뿌렸다. 나도 따라 해 봤더니 오, 맛있었다! 더 깊은 맛이 났다. 향도 무척 좋았다.

바로 리몬이었다. limón을 사전에서 찾아보면 레몬이라고 나오는데 스페인에서라면 노란색 레몬을 가리킬지도 모르지만 멕시코의 limón은 초록색을 띠는 라임을 가리킨다. 전혀 다른 열매다.

이게 리몬이냐는 질문에 쿠카는 머뭇거리며 초록색 열매를 뚫어져라 바라보기만 했다.

"이 근처에는 리몬나무도 있고 naranja(나랑하)나무도 있거든요."라며 냄새를 맡아 본다. 나랑하는 오렌지다.

"이 근처에서 자라는 나랑하는 달지 않아요. 리몬은 뭐 먹을 만하지만."

"잘라 볼까요?"라고 말하며 쿠카를 부추겨 칼로 잘랐다. 자른 단면을 본 순간 리몬이 아니라는 사실을 알았다. 리몬의 절단면은 타케리아에서 자주 봤기 때문에 장담할 수 있다.

하지만 쿠카는 단정하지 않고 절단면에 코를 가까이 대고 다시 냄새를 맡으며 잠시 머뭇거리더니 "이건 나랑하네요."라고 말했다. 그러고 나서 나를 도로로 데리고 나가 대각선 방향에 서 있는 구형의 토피어리 나무를 가리키며 "저게 리몬. 저 나무 열매는 맛있어요."라고 말하면서 빙그레 웃었다.

쿠카가 나무 열매를 따는 현장을 목격한 적은 없지만 토피어리 여기저기를 돌며 긴 나무 막대로 열매를 떨어뜨리는 남자는 가끔 봤다. 군이 막대기를 쓰지 않더라도 조금만 손을 뻗으면 열매 40, 50개쯤은 너끈히 딸 수 있는 높이였는데 그 남자는 아마 재미 삼아 열매를 떨어뜨리는 게 아니었을까 싶다. 어지간히 시간이 남아돌아 심심풀이로 그러는 것 같았다.

이 일이 있던 게 초여름이었다.

몇 달 더 지나 가을이 깊어지자 나랑하는 다 익어 크고 노란 공 모양이 되었고 달콤한 향기를 내뿜었다. 걷고 있으면 쿵 하고 큰 소리를 내며 떨어지기도 했다. 도로 여기저기에 떨어진 나랑하가 푹 뭉개져서 더욱 강렬한 향이 번져 나갔다. 대부분 자동차가 뭉개고 지나가지만 축구에 열광하는 멕시코인인 만큼 사람들도 툭툭 차며 간다. 나도 종종 차 봤는데 나랑하를 차고 나면 발밑에서 나랑하 냄새가 희미하게 올라오는 게 은근히 기분 좋다.

그날 밤도 집으로 돌아가는 길에 도로를 지나다 아직 으깨지지 않은 둥그스름한 모양의 나랑하가 있기에 무심코 발로 찼다. 노란색 공은 기적적일 정도로 멋지게 원을 그리며 공중으로 날아갔다. 그런데 그 직후 (그때까지 기척을 느끼지 못했는데) 바로 뒤에 오던 자동차가 내 옆을 또한 멋지게 원을 그리며 스쳐 지나가면서 방금 공이 착지한 곳을 그대로 달려 나갔다. 혹시나 해서 황급히 잰걸음으로 다가가 보니 아니나 다를까 나랑하는 찬란하게 으깨져 있었다. 한 방 먹었군. 이런 기분이 드는 한편 발밑에서는 상큼한 나랑하 향이 올라오는 고혹적인 밤이었다.

물건 뒤에 ría를 붙이면 물건을 파는 가게가 된다. tacos는 taco의 복수형이며 taco+ría는 taquería(타케리아)가 된다. tacería라고 하면 발음이 타세리아가 되어서 '케' 음이 나는 'que'로 바뀌는 것 같다. 이 밖에도 pastel(파스텔: 케이크)을 파는 가게는 pastelería(파스텔레리아), pan(판: 빵)을 파는 가게는 panadería(파나데리아), carne(카르네: 고기)를 파는 정육점은 carnicería(카르니세리아). flor(플로르: 꽃)를 파는 꽃 가게는 florería(플로레리아). 과달라하라에는 의외로 zapato(사파토: 구두)를 파는 가게가 많은데 zapatería(사파테리아)라고 한다. 메르세데스가 멕시코 구두는 품질이 좋다고 자랑하곤 했다. 영어 cafeteria도 본래는 스페인어의 cafetería에서 왔다.

멕시코에선 코미다를 보통 오후 2시에 먹는다. 쿠카가 늘 점심을 준비해 주었다. 하지만 수업이 끝나는 12시 반이면 낯선 스페인어에 시달리느라 몸도 마음도 지칠 대로 지쳐 허기가

져서 참을 수 없었기 때문에 2시까지 기다리지 못하고 막간에 자주 타코를 사 먹었다.

학원 가는 길 살짝 옆쪽에서 뭉게뭉게 연기가 피어오른다. 그곳에 내가 사랑하는 타케리아가 있다. 점심때여서인지 손님이 많다. 연기의 출처는 고기와 chorizo(초리소: 다진 돼지고기를 다양한 향신료로 양념해서 먹는 스페인의 대표 소시지-옮긴이)를 굽는 대형 화로다. 모자를 쓴 팔뚝 굵은 아주머니가 매운 연기에 눈살을 찌푸리며 석쇠 위의 고기와 초리소를 뒤집는 한편 다 구운 고기와 초리소를 커다란 칼로 가늘게 착착 썰어 놓는다. 착착, 칼 소리가 엄청나다. 그 옆에서는 역시 모자를 쓴 팔뚝 굵은 젊은 여성이 tortilla(토르티야)를 만들고 있다. 옥수숫가루 반죽을 밀어 둥글게 펴는데 모양은 만두피와 비슷하다. 작은 경단처럼 빚은 옥수숫가루 반죽을 손으로 하나하나 정성껏 눌러 둥글게 편다. 이것을 철판에 살짝 구운 뒤 그 위에 구운 고기와 초리소를 얹으면 타코가 된다. 손님이 주문하는 대로 아주머니가 접시에 놓아 쓱 건네준다.

하지만 타코를 만드는 즐거움은 사실 이제부터 시작이다. 화로 앞 받침대에는 다양한 salsa(살사: 소스)가 쭉 줄지어 있다. salsa bandera(살사 반데라: 멕시코 국기 소스) 또는 salsa mexicana(살사 메시카나: 멕시칸 소스)라 불리는 상큼하면서도 매콤한,

색깔도 빨강, 하양, 초록으로 알록달록 예쁜 살사가 내 입맛엔 딱이다. 빨간 토마토, 하얀 양파, 초록색 cilantro(실란트로: 고수)를 잘게 썰어 chile(칠레: 고추)를 섞은 살사인데, 알록달록한 색이 멕시코 국기 색과 똑같아서 국기 소스, 멕시칸 소스라는 이름이 붙었다고 한다. 또 초록색의 끈적끈적한 aguacate(아구아카테: 아보카도) 살사도 입에 착 붙었다. 이런 소스가 네다섯 종류 있다. 그 옆으로 푹 끓여 찐득찐득해진 frijoles(프리호레스: 강낭콩들), 잘게 썬 양파볶음, 얇게 저민 고수 잎 등이 놓여 있다. 이런 재료들을 고기나 초리소가 든 토르티야 위에 취향대로 얹으며 맛을 만들어 간다. 이 작업이 참 즐겁다. '타코는 단 하나도 똑같은 게 없는 셈이군.' 하고 혼자 고개를 끄덕거리며 토르티야 위에 이것저것 수북이 담아 잘 싸서(늘 너무 담아 새어 나왔다) 리몬을 잔뜩 뿌려 한입 베어 물 때의 쾌감이란! 아, 이 맛을 잊을 수 없다.

토르티야 위에 얹기도 하지만 그냥 반찬처럼 먹는 재료도 많다. 이를테면 nopal(노팔선인장)이 그렇다. 노팔은 줄기 모양이 부채와 닮아서 일본에서는 우치와사보텐(일본어로 우치와는 부채, 사보텐은 선인장을 뜻한다-옮긴이)이라 불리는 부채선인장이다. 노팔의 줄기를 데쳐서 자르면 찐득찐득해지는데 식감은 다시마와 비슷하다. 여기에 다양한 크기의 칠레(엄청나게 매운 것부터 그렇지 않은 것까지)를 함께 넣어 살짝 익히면 소박한 술안주로 그만이라는 것도 타케리아에서 배웠다.

타코를 먹을 때면 희뿌연 색의 agua de horchata(아구아 데 오르차타)라는 음료를 곁들였다. 처음 마셨을 때는 도대체 뭐로 만든 건지 도통 감을 잡을 수가 없었고 그저 우유와 시나몬이 들어갔나 보다 했는데 나중에 알고 보니 쌀이 주재료였다. 쿠카가 잘 만드는 디저트가 arroz con leche(아로스 콘 레체)라는, 시나몬이 들어간 달콤한 우유밥인데 이것을 주스처럼 만든 것이 오르차타였다. 오르차타를 맛본 순간 정말 그 맛에 흠뻑 빠지고 말았다.

오르차타가 없을 때는 자주색의 agua de Jamaica(아구아 데 하마이카)를 마신다. 말린 히비스커스(하마이카) 꽃으로 만든 단맛이 나는 주스랄까, 차 비슷한 것이다. 페이스북에서 알게 된 여자 친구를 만나러 멕시코에 온 오스트레일리아인 멋쟁이 히스는 하마이카 숭배자였다. "하마이카를 알게 된 것만으로도 멕시코에 온 보람이 있다."고 찬탄할 정도였다.

멕시코인들이 흔히 마시는 음료는 코카콜라다. 나야 콜라를 워낙 싫어하니 어떻게 콜라를 저렇게 많이 마실 수 있는지 놀라울 따름이었는데 나중에 인터넷으로 찾아봤더니 전 세계 코카콜라 소비국 1위가 미국이 아닌 멕시코임을 알고 새삼 또 당황했다. 그런데 멕시코의 콜라는 미국과 일본에서 판매되는 콜라와는 다르다고 한다. 미국과 일본의 코카콜라는 옥수수 시럽에서 나온 과당, 포도당, 액당을 사용하는 데 반해 멕시코의 코카콜라는 사탕수수에서 뽑아낸 천연 설탕을 사용하기 때문에 맛의 차이가 확연하며 훨씬 맛있다고 한다. 그래서 인기가 있나 보다. 나야 뭐 콜라를 좋아하지 않는 처지이니 "아, 그렇습니까?" 하고 그저 고개만 끄덕일 뿐이다.

점심은 comida(코미다). 멕시코에선 점심을 하루 세 끼 중 가장 푸짐하게 먹는다. 아침 식사는 desayuno(데사유노), 저녁 식사는 cena(세나)다. agua(아구아)는 물. arroz(아로스)는 쌀. leche(레체)는 우유. de(데)는 영어의 of. con(콘)은 영어의 with.

타케리아에서 타코를 먹는 동안에는 몰랐는데 학원 근처의 레스토랑에 드나들게 되면서 토르티야도 만드는 재료에 따라 두 종류가 있다는 사실을 알게 됐다. maíz(마이스: 옥수수)와 harina(아리나: 밀가루). 하지만 '토르티야는 옥수숫가루지.' 하는 고정관념이 있어서 나는 마이스로 만든 토르티야만 먹었다. 일본의 마트에서 '플라워 토르티야'라고 쓰인 제품을 본 적이 있는데 '플라워'는 영어의 'flour(밀가루)'이니까 이건 아리나인 셈이다.

토르티야는 그대로 살짝 구워 빵처럼도 먹는다. 레스토랑에서는 따끈따끈한 토르티야가 예쁜 천에 싸여 나온다. 코미다를 먹을 때면 쿠카는 늘 "오늘 토르티야는 몇 장?" 하고 묻곤했다. 나는 토르티야에 반찬을 끼워서 먹곤 했다. 이렇게 먹으면 되는 거였겠지?

어느 일요일 낮에 산책을 나갔는데 이전에 가 본 적이 없는 길로 무심코 들어선 순간 레스토랑이 있을 성싶지 않은 주택가 한 모퉁이에 작은 간판이 서 있고 간판에는 'restaurante español(레스타우란테 에스파뇰: 스페인 레스토랑)'이라고 적혀 있었다. 이런 주택가에 스페인 음식점이 있다는 걸 놀라워하며 문득 발길을 멈추자 제복을 입은 젊은 웨이터가 재빨리 밖으로 나와 웃는 얼굴로 맞는다.

아주 작은 레스토랑이었고 손님은 나 혼자였다. 동양에서 온 보기 드문 손님이라 그랬는지 훌륭한 양복을 갖춰 입은 풍채 좋은 중년의 주인이 나와 뭔가 쉼 없이 줄줄 얘기했지만 도대체 무슨 말인지 알 도리가 없었다. 우리 가게 토르티야는 다른 곳이랑은 다르다, 스페인 식이다, 하고 말하는 듯하다는 것만 겨우 알아챘다. 스페인 토르티야라고! 호기심에 솔깃했다. 스페인 토르티야는 멕시코와는 전혀 달라서 오믈렛 비슷하다고 들은 적이 있었기 때문이다. 내온 음식을 보니 감자 등이 들어간 단단한 오믈렛으로 맛은 있었다.

똑같은 토르티야가 스페인과 멕시코에서 어떻게 이렇게나 다른 거지?

일설에는 스페인인이 멕시코에 오기 전 아스텍 문명의 멕시코인들은 오늘날의 토르티야와 거의 비슷한 음식을 먹었다고 한다. 원주민이 쓰던 나우아틀(náhuatl)어로는 이를 'tlax-calli(틀락칼리)'라고 불렀다. 이를 본 스페인인들이 토르티야와 모양이 비슷하다고 말했던 데에서 이름이 변했다고 한다.

tortilla는 토르티**야**, 또는 토르티**리야**, 또는 토르티**자**라고 말한다. 어미의 **lla**를 '야', '리야', '자'로 다양하게 발음하기 때문이다. "저는 미나미입니다."라고 이름을 말할 때에는 "Me **lla**mo Minami."라고 하는데, 이때도 "메 **야**모 미나미." "메 **리야**모 미나미." "메 **자**모 미나미." 이렇게 세 가지로 말할 수 있다.

이런저런 밥벌이

늘 가는 타케리아에 들러 오르차타를 마시면서 살사를 가득 넣은 타코를 덥석덥석 베어 먹고 있을 때면 어김없이 가게 앞 도로를 바쁘게 돌아다니는 남자가 보인다. 하얀 와이셔츠에 넥타이까지 깔끔하게 맨 모습에선 왠지 세련미가 느껴지는데 머리는 멕시코 젊은 남자들이 대체로 그렇듯이 착 달라붙게 젤로 고정시켰다. 갸름한 얼굴은 햇빛에 잘 그을었고 잘생긴 풍모에 무엇보다 사근사근한 태도가 인상적이었다.

이 남자는 타코를 사러 오는 자동차가 가게 가까이 다가오면 싹싹하게 말을 붙여 주차하기 쉽게 안내하고 차 문도 열어준다. 차에 타고 있는 사람이 나이 든 사람이면 내리기 쉽게 손을 빌려주기도 한다. 그렇게 하면서 차 주인과 말을 주고받다가 차 주인이 타케리아에 들어가면 곧바로 작업을 개시한다.

물을 받아 둔 하얗고 커다란 양동이를 가져오고 허리 벨트에 끼워 놓은 수건을 꺼내 물에 담가 푹 적신 뒤 차를 닦기 시작한다. 손님이 타코를 다 먹을 때까지 세차를 끝내야 하므로 우물쭈물할 틈이 없다. 차 앞뒤, 옆을 이리저리 오가고 더러워진 물을 바꾸러 뛰어가는데 그 동작이 기가 막히게 신속하다. 바쁘다고 양동이에 담긴 물을 차에 끼얹는 식의 어설픈 행동은 결코 하지 않는다. 어디까지나 정중한 태도로, 그러면서도 빠릿빠릿하게 일을 척척 해낸다. 그리고 타코를 다 먹은 손님이 반짝반짝 깨끗해진 차로 돌아오면 차 문을 열어 주고 도로로 나가기 쉽게 이끌어 준다.

물론 타코를 먹으려고 멈춘 차가 모두 세차를 해 달라고 부탁하는 것은 아니니 애써 차 문을 열었는데 거절당하기도 한다. 하지만 그런 때에도 짜증 내는 일 없이 상냥하게 응대하면서 또 다른 차가 들어오기를 기다린다.

타케리아가 늘어선 Avenida México(아베니다 메시코: 멕시코 대로)는 늘 차들로 북적거리기는 하지만 과연 하루에 세차 일이 얼마나 들어올까 싶다. 그렇지만 내가 타케리아에 갈 때면 언제나 그 남자가 있었고 남자는 물이 담긴 양동이를 옆에 두고서 일을 기다리다가 타코를 먹으러 들르는 자동차가 나타나면 잽싸게 뛰어나갔다.

얼마 뒤 세차하는 남자들이 이곳뿐 아니라 여기저기 곳곳에 있음을 알게 됐다. 아마도 구역이 정해져 있는 듯한데 사실은 내가 홈스테이 하는 집 앞 도로에도 한 남자가 자신의 영역이라도 되는 듯 자리 잡고 있었다.

쿠카와 메라의 집은 주택가에 있기 때문에 지나다니는 차를 상대로 하기는 힘들다. 남자는 1주일에 수차례 도로를 걸어 돌아다니면서 자동차가 있는 집을 방문해 일을 구했다. 머리숱이 적고 얼굴이 까맣고 마흔 전후로 보이는 남자였는데 텅 빈 양동이를 들고 가방을 등에 맨 채 주문을 받으러 다녔다. 내 방에서는 그가 걸어 다니는 모습이 잘 보였다. 그는 집집의 차고를 들여다보면서 차가 지저분한지 어떤지 살폈다.

고객은 대부분 단골인 듯했다. 어느 집 앞에서 세차한 지 얼마 안 된 듯한 차를 닦는 모습도 자주 봤다. 같은 집에서 차 안을 청소하고 있을 때도 있다. 아무것도 하지 않고 그저 집주인과 수다를 떨 때도 있다. 월 단위 계약을 했을지도, 그렇지 않으면 집주인이 그를 배려해서 또는 마음에 들어 해서 늘 말을 거는 것일지도 모르겠다.

쿠카와 메라도 자동차가 있었지만 그 남자에게 세차를 맡기는 일은 몇 개월에 한 번 정도다. 단골이라고 하기에는 너무 뜸했다.

멕시코시티에 갔을 때 고용한 자동차 운전기사에게 길거리 세차 요금이 얼마 정도 되는지 물어본 적이 있다. propina(프로피나: 팁)로 30~50페소 정도일 거라고 알려 줬다.

타케리아에서 타코 두 개와 오르차타 한 잔을 사면 30페소(약 1800원)를 낸다. 타케리아 앞에서 세차할 차를 기다리는 잘생긴 넥타이맨도, 주택가를 돌며 세차할 차를 찾는 검게 탄 남자도 삶을 꾸려갈 만한 돈을 버는 일은 결코 녹록지 않으리라.

씻다는 lavar(라바르), 차는 carro(카로). 스페인에서는 차를 coche(코체)라고 하며 carro는 마차를 뜻한다. 중남미에서 쓰는 스페인어에선 대부분 carro가 차를 뜻하는 것 같다. 중남미의 스페인어와 스페인의 스페인어에는 이 밖에도 미묘하게 다른 것이 많다. 멕시코의 스페인어를 스페인에서 쓰더라도 어찌어찌 통할 것 같기는 하지만 글쎄, 어떨지.

아침이면 비질 소리가 거리를 깨운다. 아직 어둠이 옅게 깔려 있는 시간(그렇다 하더라도 7시쯤이지만) 쓱쓱 싹싹 하고 비질 소리가 들린다. 이 거리의 나무들은 토피어리 나무든 가로수든 어마어마한 속도로 쑥쑥 자라고 나랑하와 리몬 열매가 순식간에 주렁주렁 달린다. 고무나무도 일본에서 보던 관엽식물과는 다른 나무라고 여겨질 정도로 거목이다. 소나무도 솔방울은 손가락만 한데 나무는 무척 크다. 케이폭나무도 일본에서는 관엽식물이지만 이곳에선 으리으리한 거목이다. 이름은 모르지만 거대한 꼬투리를 잔뜩 늘어뜨린 나무도 있다. 그 밖에도 수종이 많다. 간밤에 돌풍이 불거나 호우가 쏟아진 날이면 이튿날 아침 거리는 낙엽과 낙과로 뒤덮인다. 하루라도 청소를 안 하면 거목에서 떨어진 잎과 열매로 길이 사라지고 만다. 그러니 매일 아침 커다란 빗자루로 거리를 쓴다. 바닥을 쓰는 아래쪽 비 부분이 일본의 대나무 빗자루보다 네다섯 배나 넓다. 학원에 갈 때면 집 주위 도로 곳곳에서 비질하는 사람들과 마주친다.

그런데 비질하는 사람들 중에는 자기 집 앞을 쓰는 사람과 아무리 봐도 이 근처에 사는 것 같지 않은데 청소하는 사람, 이렇게 두 부류가 있어 참 신기했다. 자기 집 앞을 쓰는 사람이야 그렇다 치더라도 후자는 누구이기에 아침부터 나와 비질을 하는지 궁금했다. 아침 댓바람부터 쓱쓱 싹싹 소리를 내면서 비질하는 사람은 좀 더 정확히 말하자면, 백발을 단정하게 빗어 정리한 통통하고 건강해 보이는 중년 여성이었다. 그녀는 아침에만 보였다. 그리고 꽤 넓은 범위에 걸쳐 정성껏 비질을 했지만 자기 집 앞을 쓰는 사람 주변은 침범하지 않았다.

어느 토요일, 수업이 없는데도 일찍 눈이 떠져 테라스에서 밖을 내다보고 있는데 계단 아래 부엌에서 쿠카가 나와서는 빗자루를 든 여성에게 말을 걸며 20페소 지폐를 팔랑팔랑 흔들었다. 그러자 여성이 다가와서 돈을 받고는 쿠카와 무슨 말인가 주고받았다. 쿠카는 집 앞에 있는 조그마한 정원을 가리키며 뭔가 지시를 했다. 여성이 고개를 끄덕였다. 자세히 쳐다보니 쿠카가 10페소짜리 동전을 하나 건넸다.

그렇군, 이렇게 해서 중년 여성은 propina를 모으는 것이구나. 몇몇 가구와는 계약을 맺었을지도 모른다. 그리고 이렇게 비질을 하는 일에도 세차와 마찬가지로 구역이 나뉘어 있을지 모른다. 아무튼 그녀 말고는 남의 집 앞을 쓰는 여성이 없었으니까.

쓸다는 barrer(바레르). 영어 clean에 해당하는 청소하다는 limpiar(림피아르). 이 단어는 과달라하라에 도착한 직후 며칠간 묵었던 호텔에서 처음 접했다. 그때는 앞으로 시작될 멕시코 생활에 대한 두려움으로 몸은 이미 녹초가 되어 꼼짝 않고 내내 호텔 방에 누워만 있고 싶었다. 그때 객실 청소 담당자가 와서는 무슨 말인가를 했다. 도대체 무슨 말일까? '피아'라는 소리만 알아들었다. "림피아르 하지 않아도 괜찮습니까?"라고 물었던 것임을 알게 된 것은 몇 달이 지난 뒤였다.

세차와 청소뿐만 아니라 길에서는 이 밖에도 매우 다양한 서비스와 물건을 파는 모습을 볼 수 있다. 차가 많이 다니는 큰 길에 특히 많은데, 신호로 차가 멈춰 서면 걸레를 든 소년이 차 앞 유리를 닦으러 달려온다. 아니면 신문이나 담배를 팔러 온다. 때로는 테니스 라켓, 램프, 꽃다발을 팔러 오는 사람도 있다. 한번은 버스를 타고 가다 길에서 와이퍼를 파는 남자를 보고는 정말 감탄해 마지않은 적이 있다. 신호등이 빨간색으로 바뀐 그 짧은 시간에 재빨리 와이퍼를 교체했다. 그런데 손님이 액수가 큰 지폐를 냈는지 거스름돈이 없었나 보다. "오-이!"하고 부르자 다른 물건을 팔던 사람이 잽싸게 달려와 잔돈을 건넸다. 서로 돕는 모습이 민첩하고 정확한 패스를 보는 듯했다.

"길거리에 펼쳐지는 시장에는 필요한 물품이 거의 모두 갖춰져 있어요."라고 멕시코시티에서 고용한 멕시코인 가이드가 알려 줬는데 정말 말 그대로 없는 게 없었다.

묘기를 보여 주는 사람도 있었는데 빨간 신호가 켜진 교차로에서 횃불 몇 개를 능숙하게 다루면서 불춤을 추는 사람을 본 적도 있었다. 빨간불이 들어오는 시간을 정확히 알고 있었는지 날렵하게 불춤을 선보이고는 끝나자마자 멈춰 선 차들 사이로 프로피나를 받으러 돌아다녔다.

버스를 탔는데 피에로가 올라온 적도 있다. 피에로는 좁은 차 안에서 노인과 아이를 흉내 내더니(그리 잘하지는 못했다) 모자를 들고 차 안을 돌아다녔다. 나는 10페소를 주었는데 5페소 정도면 충분하지 않았을까 싶다(1페소는 약 60원, 버스 요금은 6페소).

그 밖에도 길거리에는 이것저것 기발한 서비스나 물건을 파는 사람이 정말 많다. 피에로 분장을 한 채 교차로에 서 있는 어린애를 본 적도 있는데 그땐 정말 깜짝 놀랐다.

멕시코 곳곳에는 이렇게 이런저런 밥벌이를 하며 삶을 꾸려가는 사람들이 있다. 메르세데스는 수업 때 가끔 하소연하듯 말한다.

"México es pobre(메시코 에스 포브레: 멕시코는 가난하다)."

마켓은 mercado(메르카도). 길거리에 열리는 시장은 mercado en la calle(메르카도 엔 라 카이에). 길을 뜻하는 calle의 lle는 '카**이에**'라고도 하고 '카**리에**', 또는 '카**제**'라고도 한다.

폭주하는 카미온

과달라하라에서는 길을 건너는 일이 만만치 않다. 학원에 가려면 반드시 건너야 하는 아베니다 메시코(Avenida México) 도 건널 때마다 잔뜩 긴장하게 된다.

무엇보다 도로가 너무 넓다. 편도 2차선인데 차선폭이 어찌나 넓은지 일본 같으면 3차선으로 만들었을 성싶다. 중앙분리대까지가 약 15미터다. 그리고 중앙분리대 폭이 3미터 정도, 그 앞에 다시 15미터의 2차선이 있다.

차가 오지 않는 것을 확인하고 먼저 중앙분리대까지 뛰어간다. 그리고 숨을 가다듬고 나서 다시 나머지 15미터를 달려가는 것이 내가 길을 건너는 방법이다. 역시 한 번에 건너기는 무리다.

횡단보도가 있기는 하지만 찾아보기 힘들다. 교통법규를 지키려고 횡단보도를 찾아서 건너는 사람은 없다. 엄마가 아이 하나를 안은 채 세 아이에게 "¡rápido! ¡rápido!"라고 큰 소리로 고함을 치며 잰걸음으로 길을 건너는 장면을 목격한 일도 있다. 'rápido(라피도: 빨리)'라는 단어는 이때 배웠다.

스페인어에서 'r'로 시작하는 단어는 혀를 또르르 굴리면서 발음해야 해서 혀를 굴리는 발음과는 전혀 인연이 없는 영어권 사람들은 발음하기 어려워한다. 학원의 주 고객인 미국인 대학생들도 발음이 제대로 안 돼 꽤나 힘들어했는데 나는 아베니다 메시코에서 젊고 씩씩한 아기 엄마가 큰 소리로 발음하는 것을 들은 덕분에 '그렇군. 혀를 굴려서 강하게 고함치듯 발음하면 되는군.' 하고 비교적 쉽게 익혔다.

본래 'r'과 'l' 발음의 구분은 누구보다 일본인이 취약한 부분이며 나 또한 예외가 아니다. 'r'과 'l' 발음은 잘 구분 못 하지만 그래도 혀를 굴릴 수는 있다! 하고 우쭐해졌다.

> rr가 들어 있으면 혀끝을 굴려서 발음한다. 예를 들어 correr(코레르: 달리다). 그러니 "달려, 빨리!"라고 말하려면 연이어 혀끝을 굴려 발음해야 한다.

횡단보도는 무용지물이라고 해야 할까? 횡단보도를 찾아보기 어려운 이유는 멕시코가 자동차 중심 사회이기 때문이다. 차가 도로를 그야말로 엄청난 속도로 쌩하니 달려간다. 길이 곧고 넓게 뻗어 있어서 그런지 저절로 속력이 붙나 보다. 보행자가 조심조심 걸어 다녀야지 차가 보행자에게 주의를 기울이며 달릴 필요는 없다는 사고방식 또한 정착되어 있다.

당연히 사고도 많이 일어날 것 같은데 차와 사람이 부딪치는 사고보다는 차끼리 부딪치는 사고가 훨씬 많다. 보행자는 조심조심 주의를 기울이며 걷지만 차는 보행자는 물론 다른 차에도 그다지 주의를 기울이지 않기 때문이다. 사고 현장을 목격한 적은 없지만 추돌 사고로 입은 부상 때문인지 목 보호 대를 하고 다니는 사람은 많이 봤다. 하지만 목 보호대를 한 사 람들에게서 사고의 고통 따위는 전혀 느껴지지 않았다. 그냥 감기 기운이 있어서 마스크를 했다는 식으로 별것 아니라는 분위기다. 마트에서 목 보호대를 팔고 있는 걸 보고는 깜짝 놀 랐다. 추돌로 인한 부상은 가벼운 감기나 어깨 결림 정도로 여 기는 듯싶다.

자동차 중심 사회다 보니 모두 차를 가지고 싶어 하지만 누 구나 다 차를 살 수는 없으므로 멕시코 사람들은 대부분 이동 수단으로 camión(카미온: 버스)을 이용한다. 과달라하라에는 전철 노선도 적어서 시민들은 대부분 카미온을 이용하는데 사 실 카미온을 타는 일이 만만치가 않다. 일단 정류장이 어디인 지 찾는 일에서부터 난관에 봉착한다.

큰 도로라면 지붕이 있는 정류장이 있어서 한눈에 알 수 있 다. 하지만 대부분의 정류장은 표지판 하나 없다.

"카미온은 어디에 서나요?"라고 과달라하라에 온 지 얼마 되지 않았을 무렵 학원 선생님인 메르세데스에게 물었다.

"두세 블록마다 서게 돼 있어요."라는 대답이 돌아왔다.

언뜻 명쾌해 보이지만 전혀 명쾌하지 않았다. 두세 블록이라는 게 일단 애매했다. 어디서부터 세기 시작하는가라는 지극히 근본적인 의문이 생긴다. 내 얼굴에 물음표가 떠 있었는지 메르세데스가 덧붙였다.

"모르겠으면 사람들이 모여 있는 곳으로 가면 돼요."

그렇군. 그러고 보니 길 여기저기에 가끔씩 사람들이 모여 있었다. 서로 아는 사람 같지도 않은데 그저 멍하니 모여 서 있었다. 처음에는 도대체 뭘 하는 거지 하고 이상하게 여겼는데 모두 카미온을 기다리고 있었던 것이다. 하지만 그래도 불안이 남았다. 그 불안은 과달라하라에서 지내는 내내 사라지지 않았다. 그러니까…….

기다리는 사람들이 있을 때는 괜찮다. 하지만 만약 나 혼자 카미온을 기다릴 때에는 도대체 어디에 서 있어야 한단 말인가?

혼자서 카미온을 기다리며 서 있는데 카미온이 맹렬한 속도로 내 눈앞을 스쳐 지나간 적이 한두 번이 아니다.

자동차가 중심인 멕시코에서는 카미온도 무시무시한 속도로 달린다. 그러니 정류장(비슷한 곳)에 서 있는 사람은 온 힘을 다해 카미온을 멈춰 세워야 한다. 카미온이 가까이 다가오면 몇몇 사람이 차도로 나가서 교통법규를 위반한 차를 잡아 세우는 교통경찰처럼 양손을 들어 카미온을 세운다. 정류장(비슷한 곳)에선 흔히 볼 수 있는 풍경이다.

카미온 운전기사는 분명 멈추고 싶지 않을 것이다. 손님 따위 태우지 않고 신나게 속력을 내며 달리고 싶을 것이다. 카미온이라고는 해도 어찌 됐든 차를 운전하고 있는 셈이니 쌩쌩 달리며 자동차 중심 사회의 편의를 만끽하고 싶을 것이다. 그래서일까? 정류장 주변에선 끼익, 끼익 급브레이크 밟는 소리가 고막을 찌른다.

카미온 운전석 주변은 운전기사가 좋아하는 소품으로 꾸며져 있곤 하다. 멕시코는 가톨릭 국가로, 갈색 얼굴의 성모 마리아를 모시는데 카미온 운전기사들도 안전을 기원하기 위해서인지(그렇게 속도를 내면서도 말이다) 다양한 디자인의 성모 마리아, 예수 그리스도가 그려진 성화(聖畵), 묵주 등으로 운전석 주변을 꾸며 놓는다. 운전석 주변은 그야말로 운전기사의 사적 공간인 셈이다. 승객은 마치 운전기사의 카미온을 얻어 타는 듯한 분위기다.

멕시코의 카미온은 과달라하라뿐 아니라 다른 도시에서도, 오늘날뿐만 아니라 옛날부터도 쭉 그랬던 것 같다. 잭 케루악이 1950년에 멕시코시티를 여행한 체험을 쓴 소설『길 위에서』에도 이런 구절이 나온다.

"모두, 나이 든 여성들도 멈추지 않는 버스를 쫓아 달려갔다. 젊은 회사원들은 운명을 하늘에 맡기고 일제히 버스를 향해 돌진해 장애물경주 선수처럼 올라탄다. 버스 운전기사들은 티셔츠 차림에 맨발인 채로 광기 어린 눈을 번들거리며 낮은 곳에 달린 커다란 운전대 앞에 웅크리듯이 앉아 있다. 머리 위로는 성상이 빛났다."

　1925년 폭주하는 카미온 때문에 참혹한 인생을 마주한 사람이 있다. 바로 프리다 칼로(Frida Kahlo)다. 화가인 칼로는 오늘날 멕시코의 유명 관광 아이템이 되었다. 프리다 칼로와 아무런 연관이 없는 관광지에서도 기념품 가게마다 그림엽서와 프리다 칼로의 얼굴이 그려진 티셔츠 등을 팔고 있을 정도다. 그녀의 그림에는 18살에 겪은 카미온 대형 사고의 그림자가 어른거린다.

　"그 참혹한 사고가 프리다의 인생을 송두리째 바꿔 놓았다. 고독과 고통의 저주 속에 그녀를 가둬 버렸다. 유일하게 남은 단 하나의 탈출구가 바로 예술이었다."라고 르 클레지오(Le Clézio)는 말한다.

　"1925년 9월 17일(프리다 칼로가 막 18살이 된 무렵) 프리다는 친구인 알레한드로와 함께 새로 운행을 시작한 버스에 탔다. 버스는 소칼로 광장 한가운데에서 출발해 수도인 멕시코시티 이곳저곳을 거쳐 코요아칸으로 향했다. 버스는 도로 위를 달리는 노면전차보다 훨씬 빨라 시민들에게 인기가 있었다. '5월 5일 거리'와 쿠아우테모크 거리 모퉁이 산후안 시장 쪽으로 향하는 지점에서 버스는 앞쪽에서 오던 노면전차와 충돌한다.

훗날 프리다는 '버스에 탄 지 얼마 지나지 않아 충돌 사고가 일어났어요. 우리는 원래 다른 버스에 타고 있었는데 제가 작은 양산을 놓고 와 양산을 찾으러 타고 있던 버스에서 내려 나를 지옥에 빠뜨린 버스에 타게 됐습니다. 사고는 산후안 시장 바로 앞에서 일어났어요. 노면전차는 천천히 다가왔지만 우리가 탄 버스의 운전기사는 젊었고 무척 서둘렀습니다. 전차가 모퉁이를 돌 때 버스는 벽에 부딪쳐 망가졌지요.'라며 어떻게 사고가 났는지 들려주었다."

끔찍한 사고였다. 르 클레지오는 이어서 말한다.

"프리다를 진찰한 의사들은 그녀가 살아 있다는 데에 깜짝 놀랐다. 허리 부분 척추가 세 군데 끊어졌다. 대퇴골도 갈비뼈도 여러 개 부러졌다. 왼발은 열한 군데, 오른발은 아예 으깨졌다. 왼쪽 어깨는 탈구됐으며 골반도 세 개로 쪼개졌다. 버스의 강철 난간이 배를 관통했다. 왼쪽 옆구리로 들어와 질을 관통했다."(르 클레지오 저,『프리다 칼로&디에고 리베라』)

칼로는 자신이 입은 상흔을 다양한 형태의 그림으로 그리고, 또 그리며 생생하게 재현한다. 두 동강 난 몸, 무수히 박힌 못, 튀어나온 골반, 흘러넘치는 선혈, 눈에서 흐르는 눈물. 똑바로 쳐다보기 괴로울 정도로 처절하다.

camión이 버스로 쓰이는 곳은 멕시코뿐이다. 스페인에선 버스를 autobús(아우토부스), 아르헨티나와 베네수엘라에선 colectivo(콜렉티보), 페루와 우루과이에서는 ómnibus(옴니부스), 칠레에서는 micro(미크로), 쿠바에서는 guagua(구아구아)라고 한다. 왜 이렇게 달라졌는지 단어의 기원을 비교해 보는 일도 흥미로울 듯하다. 스페인에서는 camión이 트럭을 뜻한다. autobús는 멕시코에서 장거리 버스를 가리킨다.
정류장을 멕시코에서는 parada(파라다)라고 한다. 다른 스페인어권 국가에서도 똑같이 parada라고 하는지, 아니면 이 또한 국가마다 다른지 궁금하다.

작은 트럭, 이른바 픽업트럭의 짐칸에 타고 이동하는 사람들의 모습은 과달라하라뿐 아니라 멕시코 전역에서 흔히 볼 수 있는 풍경이다. 일종의 히치하이크인지, 아니면 같은 일터로 일하러 가는 길인지 분명하지는 않지만, 짐칸에서 담소를 나누는 사람도 있고 잠을 자는 사람도 있다. 알레한드로 카르타헤나(Alejandro Cartagena)의 사진집 『Carpoolers(카풀러스:

합승한 사람들)』에 실린 사진 또한 멕시코에서는 흔한 풍경이다.

알레한드로 카르타헤나는 멕시코 제3의 도시인 몬테레이에 살면서 픽업트럭 짐칸에 타고 일하러 가는 사람들의 모습을 오랫동안 카메라에 담아 왔다. 『Carpoolers』가 바로 그 사진집이다. 사진의 시점(視點)이 참 독특하다. 아마도 같은 노동 현장으로 향하는 노동자들일 텐데 이들을 싣고 고속도로를 달리는 트럭을 육교 위에서 내려다보면서 찍었다. 그 덕분에 짐칸에 탄 노동자들의 적나라한 모습을 볼 수 있다. 빼곡히 포개져 자고 있는 사람들도 있고, 여기저기 널려 있는 건축자재 위에 대자로 누워 자는 사람도 있다. 점퍼나 담요를 덮어쓰고 꼼짝 않고 누워 있는 사람도 있다. 누울 틈조차 없어서 무릎을 세우고 앉아, 먹는지 자는지 비좁은 자리에서 버티느라 고단해 보이는 사람들도 있다.

사진은 2011년 7월부터 2012년 6월까지 1년간 촬영했다. 노동자들은 픽업트럭 짐칸에 탄 채 몬테레이 85번 고속도로를 달려 몬테레이 외곽 지역인 산페드로의 건설 현장으로 향했다. 멕시코도 빈부 격차가 심한데 산페드로는 이른바 가진 자들이 사는 신흥 주택가다. 메르세데스는 수업 때 가족이 각자 차를 한 대씩 가지고 있는 집도 많다고 했는데, 산페드로에 사는 사람이라면 아마 가족이 모두 고급 차를 갖고 있을 듯싶다.

노동자들은 트럭 짐칸에 실린 채 이런 신흥 고급 주택가 건설 현장으로 향했다.

짐칸의 풍경만으로도 상당히 압도적이지만 사진집에는 작가의 기발한 시점이 하나 더 들어 있다. 노동자들이 피곤에 절어 잠들지 않았다면 바라보았을 풍경, 즉 하늘과 표지판 사진도 실려 있다. 카르타헤나는 아내가 운전하는 트럭 짐칸에 탄 채로 이 풍경을 찍었다. 노동자들의 마음에 스며들었을 풍경과 그 풍경을 바라보며 들었을 생각이 슬쩍슬쩍 엿보이는 것 같아 인상적이다.

또 하나, 사진집에 신문이 끼워져 있는 점도 빼어나다. 카르타헤나가 2012년 편의점에서 사 모은 신문인데 신문에는 고속도로에서 일어난 자동차 사고 기사가 실려 있다. 내가 본 사진집에 끼워진 신문에는 축구 시합을 하러 가는 길에 축구 선수와 그의 가족이 교통사고를 당했다는 기사가 실려 있었다. 2명 사망.

트럭은 노동자들을 짐칸에 실은 채 사고가 도사리는 고속도로를 매일같이 달린다. 가진 자들의 길을 건설하기 위해 위험 속을 달리는 노동자들의 모습을 카르타헤나는 사진과 신문 기사로 생생히 전해 준다.

대부분의 스페인어권에서 트럭을 의미하는 camión이 멕시코에서는 버스를 뜻한다. 그렇다면 트럭은 뭐라고 할까? 똑같이 camión이다. 맥락에 따라 뜻을 파악하는 듯싶다. 픽업트럭은 camioneta(카미오네타: 소형 트럭)라고 한다.

결혼은 피곤한 일

쿠카와 메라의 집에서 지낸 지 한 달 정도 지났을 때다. 2층 방에서 부엌이 있는 1층으로 내려오는데 찌뿌둥한 얼굴의 쿠카가 작은 탁자 앞에 등을 꼿꼿이 세우고 앉아 내게는 익숙한 작은 플라스틱병을 입으로 가져가는 모습이 보였다.

"아!" 하고 나도 모르게 작은 소리를 내자 쿠카는 "속이 좀 안 좋아요. 속이 안 좋을 때에는 이걸 마셔요. 그러면 괜찮아져요." 하고 말했다. 물론 쿠카의 말을 한 마디 한 마디 모두 이해할 수 있었던 것은 아니다. 상황을 보면서 이런 말이겠구나 하고 유추했을 따름이다. 한 달 넘게 같이 지내다 보니 이심전심이라는 마술이 점점 작동하기 시작했다.

"그거……."

"자쿠르트."

음, 스페인어 식으로 발음하면 이렇게 되는구나 하고 이해했다. "그거, 일본에서 온 거예요."라고 나는 말했다.

쿠카가 마시던 것은 'Yakult', 야쿠르트다. 스페인어에서는 ya, yi, yu, ye, yo를 주로 '자, 지, 주, 제, 조' 등으로 발음하기 때문에 '자쿠르트'가 된다. 그러니 일본 화폐인 '엔'도 '젠'이 된다.

"어머, 그래요? 몰랐네."라고 쿠카가 말하자 나는 "야쿠르트는 일본에서도 많이 마십니다. 그 회사는 프로야구팀도 가지고 있습니다." 하고 스페인어로 설명하(려고 하)였지만 쿠카는 자쿠르트를 둘러싼 진실보다도 스페인어와 격투를 벌이는 내 모습에 훨씬 흥미를 보이며 올바른 스페인어로 열심히 정정해주었고, "나는 속이 안 좋을 때에는 자쿠르트를 마신다."라는 말을 반복해 들려주었다. 자쿠르트는 일종의 소화제 대체품인 셈이다.

부엌이 좁기도 해서 나 혼자 따로 작은 식탁에서 코미다를 먹었는데 늘 내가 가장 먼저 식사를 마쳤다. 밥을 빨리 먹는 편은 아닌데 쿠카와 메라가 워낙 천천히 먹었다. "gracias(그라시아스: 고맙습니다)."라고 말하며 식탁에서 일어서면 동생인 메라가 늘 똑같은 말을 한다.

"Ya(자: 벌써)."

영어의 already에 해당하는, 아주 흔히 쓰는 말이지만 '야'라고 말한 적은 없다.

'y(이그리에가)'로 시작하는 가장 중요한 단어는 'yo(나)'인데 '조'라고 발음하는 사람도 있는 반면 '요'라고 하는 사람도 있다. 그러니 '야쿠르트'라고 말하는 사람도 분명 있을 것이다. 어떻게 발음하든 둘 다 통하지 않을까?

　자세히 물은 적은 없지만, 아니 자세히 물어보고 싶어도 나의 미숙한 스페인어로는 물어볼 수가 없었지만 쿠카와 메라는 아마 줄곧 독신이었던 듯하다. 홈스테이를 시작하고 며칠 뒤 식사할 때 쿠카가 내게 결혼은 했냐고 물은 적이 있다. 그래서 그때 "결혼한 적이 있습니까?" 하고 되물을 수도 있었는데 대화가 농담 비슷하게 흘러가 버려 말할 기회를 놓쳤다. 대화라고 하기에도 뭐한, 그때의 우스꽝스런 상황을 재현하자면 이런 분위기다.

쿠카　…… tú (투: 당신) ……¿casado (카사도)?

나　…… ¿casado?

쿠카　¿tienes (티에네스: 가지다) …… esposa (에스포사)?

나　……¿esposa?

(이때 메라가 제스처를 취한다.)

나　아하하, esposa (배우자). Sí, sí, sí (씨, 씨, 씨: 네, 네, 네).

쿠카　…… tú …… casado (결혼하다).

나　Sí, cansado (칸사도).

(이때 두 사람은 큰 소리로 웃는다.)

쿠카　No, cansado ······ casado.

무슨 뜻인지 몰라서 "¿casado?", "¿esposa?"라고 되물었
는데 메라의 제스처 덕분에 대화 내용을 겨우 이해할 수 있었
다. 그런데 이 대화의 어느 부분이 우스꽝스러운가 하면 내가
casado를 cansado라고 잘못 말했기 때문이다. casado는 '결
혼하다', cansado는 '피곤하다'라는 뜻이었다. '결혼하다=피
곤하다'라고 갑자기 만들어진 등식에 둘은 폭소를 터뜨렸다.
　쿠카는 이 분위기를 타고 계속 히죽거리면서 결혼한 지 얼
마나 됐냐고 물었는데, 그 질문에는 결혼하고 얼마나 지나면
피곤한가라는 또 하나의 질문이 숨겨져 있기도 했다. 이런 유
머 감각에 즐겁기도 하지만, 그건 그렇다 치고 이 대화 덕분에
나는 헷갈리기 쉽고 관계가 있는 듯도 없는 듯도 한 두 단어를
확실히 외우게 됐다. 하지만 쿠카와 메라에게 결혼한 적이 있
는지 물을 기회는 놓치고 말았다.

앞에서도 말했듯이 명사든 형용사든 어미가 o이면 남자, a이면 여자다.
따라서 esposo는 남성 배우자, esposa는 여성 배우자를 가리킨다. '결
혼한'이라는 형용사도 남자인 나를 가리킬 때는 casado가 되고 여성이
말할 때는 casada가 된다. 피곤하다도 마찬가지로 남자라면 cansado,

여자라면 cansad**a**가 되며 남녀 모두(부부 모두) 피곤한 때에는 남성의 o에 복수의 s를 붙여 cansad**os**라고 한다. 여자들끼리 모여 "결혼 생활도 길어지면 아무래도 피곤하지 않아?" "맞아, 맞아."라고 맞장구칠 때에는 여성들만 복수로 있으므로 여성의 a에 복수의 s를 붙여 cansad**as**가 된다.

처음에는 오전에 수업을 마치고 집으로 돌아오면 부엌에서 식사 준비를 하던 쿠카가 물었다.

"¿cansado?"

'결혼하다'와 '피곤하다'를 혼동했을 때의 우스꽝스런 대화를 계속 우려먹으려는 의도는 없어 보였다. 내가 무척이나 피곤에 절어 보였기 때문에 물은 것이다. 그도 그럴 것이 학원 수업을 듣는 3시간 내내 질문도 잡담도 농담도 전부 스페인어로 해야 했고 영어는 원칙적으로 금지되어 있었기 때문이다. 헤엄치기를 가르치는 최고의 방법은 그냥 물속에 밀어 넣는 거라는 말도 있던데 그와 비슷하게 매일 오전마다 허우적거리다 보니 수업이 끝날 때쯤엔 녹초가 되었다. 어찌 됐든 환갑이 넘은 몸이기도 하니 말이다.

descansar(데스칸사르)라는 단어의 뜻은 사전을 펴 보지도 않고 단번에 이해했다. 학원에서 녹초가 되어 돌아온 나를 보며 쿠카가 "¿cansado?"라고 물은 뒤 이어 "descansar 하고 싶어?"라고 물었기 때문이다. 처음 듣는 단어였지만 cansa가 **cansa**do에도 des**cansa**r에도 들어 있는 것을 보고 관련된 단어겠구나 싶었다. 그리고 des는 영어의 dis라는 접두사와 똑같은 역할을 하지 않을까 추측했다.

즉 영어의 like(좋아하다)와 **dis**like(싫어하다) 또는 appear(나타나다)와 **dis**appear(사라지다)의 관계처럼 말이다. dis가 앞에 붙으면 반대 의미가 된다.

스페인어도 des가 앞에 붙으면 반대의 뜻을 나타내는 게 아닐까……? 그렇다면 descansar는 '피곤하지 않게 하다→휴식하다'라는 말이 아닐까?

"Sí."라고 대답하고 2층 내 방으로 들어가 『Pocket Oxford Spanish Dictionary』를 펼쳤다. 빙고! 'have a rest(휴식하다)'가 나왔다.

그러고는 그대로 침대에 쓰러졌다. 쿠카가 아래층에서 "미나미, ¡comida!"라고 외치는 소리에 겨우 눈을 떴다.

거의 1시간을 쥐 죽은 듯이 숙면을 취했다.

점심을 먹고 난 뒤 사전을 펴고 알아낸 단어들을 정리했다.

cansado의 어원이 되는 말은 cansar(칸사르: 피곤하게 하다)라는 동사다. cansado는 과거분사이며 형용사로도 쓰인다.

descansar는 '쉬다'라는 동사다. 과거분사인 descansado는 '쉬고 있는'이라는 의미의 형용사로도 쓰인다.

내친김에 casado도 살펴봤다. 어원이 되는 말은 casar(카사르: 결혼하다)라는 동사다. casado는 과거분사로, '결혼한'이라는 형용사로도 쓰인다.

그렇다면 **des**casar는 '이혼하다'라는 동사일까?

안타깝게도 『Pocket Oxford Spanish Dictionary』에 그런 단어는 없다. 하지만 쇼가쿠칸(小学館) 『스페인어-일본어 사전』에는 있다. '결혼을 무효로 하다, 이혼하다', 단 형용사인 descasado는 어느 사전에도 없다.

단어를 정리하다 보니 문득 어린애들은 이렇게 해서 제 나름대로 또는 제멋대로 단어들을 관련지어 기억하고 어휘를 늘려 가는 게 아닐까라는 생각이 들었다. 언어를 습득 중인 아이들은 가끔씩 이상한 단어를 만들어 내기도 한다. 그러니 단어를 잘못 말한다는 것은 언어를 열심히 습득 중이라는 증거인 셈이기도 하다.

스페인어라는 바닷속에 빠져 허우적대면서 나는 마치 어린애처럼 추리와 억측으로 언어를 습득해 가고 있었다.

스페인어 접두사 des가 영어 접두사 dis와 딱 들어맞는다고 단언하기는 어렵다. 어쩌면 영어 접두사 de에 해당할지도 모르겠다. de는 반대의 뜻을 나타내는 접두사로 알려져 있다. 컴퓨터 관련 용어로 널리 쓰이는 영어의 **de**bug는 bug의, 문예비평 용어로 활용되기도 하는 영어의 **de**construct는 construct의 반대말이다.

그런데 사실은 쿠카도 늘 cansada 상태였다. 쿠카와 메라의 집에는 나 말고도 멕시코인 신학생 알레한드로가 홈스테이를 하고 있었는데 알레한드로는 부엌을 자유롭게 이용하는 자취 생활을 했다. 그러니 쿠카는 아무것도 하지 않아도 됐고, 게다가 멕시코인이니 서로 말도 잘 통했다. 그런데 내가 나타난 것이다. 하루 세끼를 만들어야 하는 데다가 말도 거의 통하지 않는다. 다리가 불편한 동생 메라는 보행기를 사용하고 있어서 옛날부터 집안일은 쿠카가 도맡다시피 해 온 듯한데 여기에 이것저것 일일이 챙겨 줘야 하는 또 한 사람이 등장한 것이다. 홈스테이를 한 지 한 달 조금 지났을 무렵 쿠카의 무릎이 크게 부어올라 걷기 힘들 지경이 되었다. 쿠카는 지쳐 가고 있었다. 자쿠르트를 마신 것은 그 전조였을 것이다.

어느 날 아침을 먹고 내가 학원에 가려 하자 다리를 끌면서 뭔가 곤란한 듯한 얼굴로 쿠카가 말을 걸었다.

"미나미……, basura(바수라)…… por favor(포르 파보르: 부탁

해요)."

그러면서 부엌 한구석을 가리켰다. 쓰레기가 들어 있는 비닐봉지가 있었다.

이심전심이라기보다 일목요연했다. "미나미, 미안한데 쓰레기 좀 내놔 줄래요?"라는 말이었다.

"¿basura?"라고 되묻자, 쿠카는 "Sí."라고 말하며 다시 비닐봉지를 가리켰다. 이렇게 해서 나는 쓰레기라는 스페인어를 배웠다.

그 뒤로 아침에 쓰레기를 내놓는 일은 쿠카 무릎의 부기가 사라진 뒤에도 내 임무가 되었다. 아니, 쓰레기 배출이 내 임무가 되었기 때문에 무릎의 부기가 사라진 것인지도 모른다.

교실에서는 배울 일이 거의 없는 basura(쓰레기)라는 단어는 쿠카와 메라의 부엌에서 배웠다. 그 뒤 basura는 피할 수 없는 생활 용어로 머리에 입력됐다.

por favor는 무척 유용한 단어로, 영어의 please에 해당한다.

한밤의 휘파람

2층에 있는 내 방은 도로 바로 옆이어서 바깥에서 나는 소리가 잘 들린다. 주택가라 차가 쌩쌩 달리는 일은 없지만 가끔 차에서 내린 사람들이 차 문이 잠겼는지 확인하기 위해 울리는 긴 팡파르 소리 같기도 하고 음악 소리 같기도 한 확인음이 집요하고 요란하게 울려 대 참을 수 없을 때가 있다. '삑삑' 정도면 충분할 텐데 몇 분이나 길게 계속 이어진다. 하지만 뭐 그 정도의 소리가 거슬렸을 뿐이니 비교적 조용한 환경이었던 셈이다.

일요일만 빼고 매일 대형 트럭이 쓰레기를 수거하러 오는데 큰 방울 소리가 도착을 알린다. 쓰레기를 싣는 사람이 트럭보다 한발 앞서 걸으면서 도롯가에 나와 있는 쓰레기를 확인하는데 그 남자의 허리춤에 큼지막한 방울이 달려 있어서 걸을 때마다 짤랑짤랑 야단스레 소리를 낸다.

한낮의 길가는 계절에 상관없이 늘 더웠는데 딸랑딸랑하는 작은 방울 소리가 종종 시원스럽게 더위를 쫓아 줄 때도 있다. 테라스에서 내다보면 노란색과 파란색이 어우러진 세로 줄무늬의 귀여운 양산이 달린 자전거를 타고 한 남자가 주위를 기웃거리며 느릿느릿 페달을 밟고 있다. 아이스크림 장수다. 어찌나 유유히 지나가는지 자태가 굉장히 우아하다. 이런 삶도 나쁘지 않겠다는 생각이 들 정도로 낭만적인 정취마저 감돈다.

밤에는 아주 가끔이지만 뱃고동 소리를 길게 늘인 부우우우우 하는 소리가 이어질 듯 끊길 듯 들린다. 늘 어두컴컴해진 한밤중에 나는데, 멀리서 들리는가 싶다가 가까이에서 들려오기도 해서 왠지 으스스하다. 뭔가가 이동하는 소리라는 것은 알았지만 이동속도가 빨라서 좀처럼 어느 곳인지 알 수 없었다. 드디어 소리의 정체가 무엇인지 밝혀졌다. 가끔씩 쿠카, 메라와 대화를 나누는데, 아니 대화를 한다기 보다는 대화를 하려고 고군분투하는데 마침 그때 그 소리가 들렸다. "저 소리는 뭐예요?"라고 묻자 쿠카가 "바나나."라고 가르쳐 주었다. "바나나?", "가서 봐요."

구운 바나나 장수였다. 국가에서 불하받은 화학 실험 장치 같은 거대한 구식 삼륜 노점 판매대에서 바나나를 구워 팔고 있었다. 하나 달라고 했더니 까맣게 구운 껍질을 살살 벗겨 달콤한 크림을 듬뿍 얹어 주었다. 맛은 있었지만 무지하게 달았다. 먹으면서 집으로 돌아오자 "어때요, 달죠?"라며 메라가 재미있다는 듯이 키득 웃었다. 얼마 안 있어 멀리서 소리가 들렸다. 참 날쌔기도 하지. 어떻게 해서 소리를 내는 건지 확인한다는 걸 잊어버려서 아차 싶었는데 이미 한발 늦었다.

말이 나온 김에 바나나(banana)라는 단어를 살펴보자. 쇼가쿠칸 『스페인어-일본어 사전』에 등재된 banana를 찾아보면 '(라틴아메리카) 바나나(의 열매·나무) ▶스페인어로는 일반적으로 plátano라고 한다.'는 설명이 뒤따른다. 쿠카는 코미다 디저트로 처음 바나나를 내놓은 날 "plátano(플라타노)."라고 말했고 내가 멍하니 있자 "바나나."라고 덧붙였다. 그래서 나는 멕시코에서는 바나나를 plátano라 하는데 쿠카가 바나나라고 다시 말해 준 이유는 "나도 영어 단어 하나 정도는 알고 있어요." 하고 조금 용기를 낸 것이라고 여겼고 그 뒤로도 쿠카가 "banana."라고 할 때마다 영어를 쓰려고 노력하고 있다고 생각했는데 그건 그저 나의 착각이었을까?

영어권 여행자 사이에서 널리 읽히는 가이드북 『론리플래닛(Lonely Planet)』이 내놓은 『Mexican Spanish phrasebook』에서 영어 banana를 찾아보면 plátano라고만 나와 있다. 역시 멕시코에서는 banana라는 단어를 영어 또는 외래어로 보는 것 같다.

혹시나 해서 인터넷을 찾아봤더니 여러 설이 뒤섞여 있는데 banana와 plátano는 본래 다른 과일이라는 설명도 있다. 또한 멕시코에서는 plátano라고 하지만 과테말라에서는 banana, 엘살바도르에서는 guineo(기네오), 베네수엘라에서는

cambur(캄부르)라고 부른다는 설명도 있다. '버스'처럼 '바나나'도 나라마다 다르게 부르는 것일까? 스페인어는 정말이지 전 세계 곳곳에 퍼져 있고 쓰임도 가지각색이다.

> 달콤한은 dulce(둘세). 멕시코 명물인 chile(칠레: 고추)는 picante(피칸테: 매운).

밤이 깊어지면 거리는 한층 조용해지는데 1주일에 두세 번 10시가 지난 뒤에 짧은 휘파람 소리가 날 때가 있다.

휘-휘-휘익.

취객이 부르는 휘파람 노래는 아니고 어떤 신호를 보내는 휘파람인 듯했는데 실제로 휘파람 소리가 나면 곧이어 문 여는 소리, 딸깍딸깍 잠금장치 푸는 소리, 짧은 대화 소리가 들린다. 짧은 휘파람 소리가 들리고 나서 대화가 끝날 때까지 걸리는 시간은 몇 분 안 됐지만 가끔씩 휘파람 소리가 굉장히 길어질 때도 있다. 그런 때는 휘-휘-휘익…… 휘-휘-휘익…… 휘-휘-휘익…… 하고, 조심스러운 휘파람 소리가 계속 이어졌고 반복될수록 애절함은 더해 갔다. 그러다 애절함이 결국 노여움으로 바뀌어 마침내 말로 튀어나오는 때가 있다. 소년의 목소리였다.

"마마!"

휘파람 소리를 듣고 대문을 열어 주는 사람은 엄마인 듯했고 아마 10시가 통행금지 시간이었던 모양이다. 그 사실을 알고부터는 한밤에 휘파람 소리가 들리면 '아, 10시가 지났구나.' 하고 짐작하곤 했는데 휘파람이 계속 이어지다 결국 "마마!"라는 단어가 터져 나오고 "마마!"가 수없이 반복되는 일도 종종 있어서 그 소리를 들을 때면 스페인어의 '마마'라는 단어가 지닌 독특한 울림 때문에 이상하게 마음이 싱숭생숭해졌다.

영어로 엄마는 mama라고 쓰고 앞의 '마'에 악센트가 온다. 뒤의 '마'에 악센트가 올 때도 있는데 랜덤하우스『영일 사전』을 보면 뒤에 올 때는 '유아어'라는 설명이 뒤따른다. 즉 어린이가 발음하는 방식이라는 뜻이다.

그런데 스페인어에서 엄마는 mamá라고 쓰며 뒤의 '마'에 악센트가 들어간다. 영어에서는 어린이의 말투로 여겨지는 발음이 스페인어에서는 일반적인 발음인 셈이다. 소리 내 발음해 보면 알겠지만 뒤에 악센트가 오면 왠지 무척 사랑스런 여운이 남는다. 어쩐지 엄마에게 뭔가를 바라는 듯한 간절함이 느껴진다. 그러니 밤 10시 넘어 적막한 밤거리를 가르며 어린애도 아닌 다 큰 남자가 어린애처럼 "마**마**…… 마**마**…… 마**마**!"라고 호소하는 목소리를 들을 때면 나이를 먹을 만큼 먹은 자식이 엄마에게 매달려 응석 부리는 상황을 몰래 엿본 듯한 기분이 들어 내 마음도 심란해진다.

얼마 뒤 통행금지 시간을 어기는 상습범 아들은 장난기 가득한 얼굴의 10대 소년 페드로라는 사실을 알게 됐다. 페드로를 볼 때면 "언제까지 엄마, 엄마, 할 거니. 이제 철 좀 들어야지." 하고 혼잣말하며 왠지 싱긋 웃게 된다.

Nivel 1 수업을 들을 때 메르세데스가 멕시코는 가족 간의 유대감이 강하다는 말을 한 적이 있다. 대가족이 많고 결혼해서도 부모와 함께 사는 일이 많다고 한다. 멕시코는 가난해서 신혼집을 마련할 여유 따위는 없다고도.

그 이야기를 이어지는 Nivel 2 수업에서 라울에게 하자 "맞는 말이기는 한데." 하고 인정하고 나서 라울 특유의 도도한 표정으로 "하하하." 웃으면서 다음과 같은 얘기를(아마도) 들려줬다.

"대가족이지만 어느 집이든 엄마 목소리가 가장 크거든요. 38살의 독신 친구가 있는데 그 친구 엄마도 어찌나 말이 많은지 친구가 밤에 어디 나가려고 하잖아요. 그러면 '오늘은 몇 시에 들어올 거니?'라고 묻는다니까요. 늘 한결같이. 38살이나 먹었는데 말이지요."

말인즉슨 통행금지 시간을 지키지 못해 엄마를 애절하게 부르는 다 큰 남자들이 멕시코에는 꽤나 많다는 것이다.

파파는 'papá'로 악센트가 뒤에 있다. 악센트가 앞에 오는 papa는 감자를 뜻한다.

한낮의 더위 속에서 아이스크림이 왔음을 알리는 우아한 방울 소리와는 대조적으로 1주일에 세 번, 매번 비슷한 시각에 우렁찬 목소리가 조용한 거리를 깨울 때가 있다.

보나폰……, 아구아……, 아구아……, 아구아……, 보나폰……, 아구아…….

시끄럽다기보다는, 귀에 다정히 스며드는 바리톤의 힘 있고 구성진 목소리다. 무척 큰 목소리지만 바리톤의 목소리가 잠기는 일은 결코 없다. 미묘하게 시간 차를 두면서 '아구아'라고 외친다. '아구아(agua)'는 물을 뜻하는데, 즉 물이 왔음을 알리는 소리다. 목소리의 주인공은 바로 미네랄워터를 팔러 돌아다니는 물장수다.

멕시코에선 수도에서 나오는 물은 마시지 않는다. 수돗물이 그리 더럽지는 않지만 설거지, 빨래, 샤워를 할 때 쓸 뿐이고 마시는 물, 요리용 물은 미네랄워터를 쓴다. 학원에 간 첫날 오리엔테이션에서도 수돗물은 마시지 말라고 단단히 주의를 들었고 학원 로비에는 미네랄워터가 든 커다란 플라스틱 통이 항상 놓여 있어서 그 물을 마셨다. 거리를 오가는 사람들을 보면 대부분 미네랄워터 병을 들고 있고 타코를 파는 포장마차에도 커다란 플라스틱 통이 있다. 나도 매일 아침 수업을 들으러 갈 때 반드시 근처 작은 가게에 들러 시원한 1리터짜리 미네랄워터를 샀고 수업이 끝나 돌아올 때에는 대형 할인 마트에서 1.5리터 미네랄워터를 구입했다. 근처 작은 가게에서는 1리터가 8.5페소(약 500원)인데 할인 마트의 1.5리터는 6.5페소(약 400원)여서 제법 이득이다. 물은 필수품이다 보니 나 또한 내 나름대로 물을 저렴하게 구입할 수 있는 방법을 이리저리 궁리했다.

물장수가 파는 물은 내가 평소에 사는 작은 병이 아니라 20리터 플라스틱 통이다. 일반 가정에서는 이것을 사용한다. 통 하나에 24페소(약 1500원)이니 훨씬 저렴하다. 1주일에 세 번 오는 이유는 대체로 그 정도의 빈도로 물이 떨어지리라는 계산에서인 듯하다. 고객이 정해져 있기 때문에 물장수는 고객의 집 가까이 와서 "아구아."라고 미성을 내고는 응답을 기다린다. 쿠카는 부엌 한쪽 구석 정해진 위치에 놓인 통을 흘깃 보고 필요하면 '오-'라든지 '우-'라든지 소리를 내어 그를 불러 세우고 필요 없을 때에는 모른 척한다.

어느 날은 맞은편 집(엄마와 늘 티격태격하는 페드로네 옆의 옆집) 할머니의 반응이 늦었다. 할머니네 집 문 앞에서도 물장수가 "아구아."라고 바리톤의 미성으로 외쳤지만 할머니가 화장실에 있었는지 샤워를 하고 있었는지, 어쩌면 다 큰 아들의 투정을 받아 주느라 그랬는지 '오-'라고도 '우-'라고도 응답을 못 했다. 문을 열고 나왔을 때는 물장수 트럭이 막 출발한 참이었다.

"아구아……, 아구아……."

이번에는 할머니가 외칠 차례다. 하지만 물장수의 박력 있는 바리톤과는 비교할 수 없는 여리고 잠긴 목소리였다. 트럭은 떠나 버렸다. 어깨를 축 늘어뜨리고 집 안으로 들어가는 할머니의 모습이 테라스에서 보였다.

그런데 잠시 뒤 바리톤이 되돌아왔다. 할머니 목소리를 들었을 것 같지는 않은데 할머니의 목소리를 들은 누군가가 "아직 한 집 남았어!"라고 전해 주기라도 했을까? 그는 할머니 집 앞에 트럭을 세우고는 20리터 물통을 짊어지고서 아무 말 없이 집 안으로 재빠르게 들어갔다.

물장수가 외치던 '보나폰(Bonafont)'은 브랜드 이름으로, 멕시코에서는 유명한 상표다. 가을이 되자 바리톤 물장수는 새 브랜드의 물을 취급하게 되었는지 한낮의 더위를 가르는 바리톤 목소리로 "아구아……, 아구아……, 아구아."라고만 외쳤다. 하지만 고객은 줄지 않았다. 적어도 쿠카와 메라는 새 브랜드 물을 썼다. 브랜드보다도 바리톤 물장수의 미성과 세심한 배려가 좋았을 것이다. 새 브랜드도 아마 그 점이 마음에 들어 바리톤을 스카우트했을 듯싶다.

아이스크림은 helado(엘라도), 얼음은 hielo(이에로).

과거형 없이는 살아갈 수 없는데

동사에서 과거형과 미래형이 사라진다면 과연 어떤 일이 벌어질까? 현재형으로만 말해야 하는 상황에 처한다면 도대체 무슨 말을 할 수 있을까?

사는 동안 이런 생각을 해 본 적이 거의 없는데 Nivel 1와 Nivel 2 수업을 듣다가 난생처음 그런 상황에 놓이면서 몸이 달았다.

미래형을 빼앗기는 것은 그래, 아직 괜찮다. 물론 있는 편이 훨씬 편리하겠지만 미래형은 현재형으로도 대체할 수 있는 여지가 있기 때문에 그럭저럭 넘길 만하다.

그런데 과거형은 어찌할 도리가 없다. 과거라는 것은 순식간에 생겨나고 끊임없이 만들어진다. 말을 한 순간 이미 과거가 되니 과거형 없이는 제대로 된 말을 할 수 없다.

인류는 과거를 돌아보면서 문화를 만들어 왔다. 사람이 살아가는 데 필요한 지혜와 힘을 전해 준 많은 이야기의 원형은 옛날이야기다. 옛날이야기는 '옛날 옛적에'로 시작하는 과거 이야기니 기본 시제가 과거형이다. 어느 순간 현재형이 섞여들기도 하지만 이는 말하는 내용을 강조하거나 이야기의 흐름을 부드럽게 하기 위한 말하기 기법의 하나다. 이 또한 과거형으로 말하고 있다는 전제가 있기에 가능하다.

옛날이야기를 원류로 한 오늘날의 소설도 대부분 과거형으로 쓰인다. 현재형만으로 또는 미래형만으로 쓰인 소설이 없는 것은 아니지만 대체로 그런 작품은 실험적인 작품으로 분류된다.

꼭 이야기의 형태가 아니더라도 사람들의 체험담은 삶의 지혜를 준다. 체험담 또한 과거형이다. 현재형이 섞여 있기도 하지만 이 또한 이야기의 경우와 마찬가지로 말하는 기법으로 사용될 뿐이다.

사람은 과거형 없이는, 과거 없이는 살아갈 수 없다.

멕시코를 비롯해 라틴아메리카는 16세기 초 스페인 침략자들에게 무참히 짓밟혔다. 멕시코시티에 머물렀을 때 피라미드가 있는 테오티우아칸(Teotihuacan) 유적지를 보러 간 적이 있다. 가이드를 따라 마이크로버스를 타고 테오티우아칸으로 향하는 도중 아주 작은 강을 건넜다. 가이드가 말해 주지 않았다면 알아채지 못했을 정도로 아주 조그만 강이었다. 그 강에는 엄청난 과거가 숨어 있었다.

"멕시코시티는 아스텍제국 시대에 거대한 호수에 떠 있는 도시였습니다. 그 호수의 흔적이 바로 이 수로와 소치밀코(Xochimilco)에 있는 수로입니다."

가이드가 말했다.

호수는 어디로 사라졌을까?

스페인 침략자들이 다 메워 버렸다고 한다.

스페인의 한 가톨릭 성직자는 호수에 떠 있는 도시를 보고 마치 무릉도원을 본 듯 황홀했다고 표현했을 정도다. 스페인은 16세기 초부터 약 반세기에 걸쳐 아스텍제국의 수도 테노치티틀란(Tenochtitlan)을 대대적으로 개혁하는 프로젝트를 벌이면서 아스텍제국을 상기시키는 것들은 흔적 하나 남기지 않고 지워 없애려 했다. 사원을 파괴하고 그 자리에 가톨릭교회를 세웠다. 멕시코의 거리에는 어디든 중심부에 'zócalo(소칼로: 중앙광장)'라 불리는 광장이 있는데 멕시코시티의 광활한 소칼로 옆에는 웅장한 가톨릭 대성당이 서 있으며, 그곳은 오늘날 멕시코시티 제일의 관광 명소가 되었다. 하지만 바로 그 밑에 아스텍제국의 사원이 잠들어 있다. 아스텍제국의 유적은 20세기가 슬슬 저물어 갈 무렵에야 발굴되었다. 소칼로 밑에는 과연 아스텍의 어떤 것들이 잠들어 있을까? 아니, 아스텍의 어떤 것들이 사라졌을까? 말살된 과거가 쉬이 상상되지 않는다.

가톨릭 사제였던 바르톨로메 데 라스 카사스(Bartolomé de las Casas)가 16세기 중반 자신이 직접 보고 들은 것, 진실만을 담았다며 스페인 국왕에게 보고한 『인디아스 파괴에 관한 간략한 보고서(Brevísima relación de la destrucción de las Indi-as)』를 읽으면 스페인의 침략자들이 행한 대개혁 프로젝트는 곧 원주민인 인디오들의 모든 것을 말살하기 위한 프로젝트였다는 사실을 잘 알 수 있다. 모든 것, 이는 육체의 말살뿐 아니라 그들이 지녔던 기억과 가치관 또한 말살했다는 의미다. 일본어판 역자인 소메다 히데후지(染田秀藤)의 역주를 참조하면, "인디아스는 당시 스페인인이 발견, 정복한 지역을 총칭해 부르는 말이었다. 대체로 오늘날의 서인도제도, 남아메리카 및 북아메리카 일부를 가리킨다."고 하는데 특히 멕시코 주변은 Nueva España(누에바 에스파냐: 신스페인)라고 불렸다. 라스 카사스는 인디아스의 거의 전 지역이 인종 말살, 즉 대학살이 벌어진 참혹한 킬링 필드(killing field)였다는 사실을, 그게 정말이냐고 되묻고 싶을 정도로 처참한 숫자를 들이대며 전해 준다. 아주 얇은 문서지만 책장을 넘기며 대충 훑어보기만 해도 경이적인 숫자가 곳곳에 등장한다. 이를테면 이런 문장이 나온다.

"두 섬(자메이카와 오늘날의 푸에르토리코섬-저자 주)에는 60만 명이상, 아니 100만 명이 넘는 사람이 살았지만 지금은 각각 200명 정도밖에 남지 않았다."

"1518년 4월 18일 누에바 에스파냐를 침략하기 시작한 뒤 1530년까지 12년 동안 스페인인들은 내내 멕시코의 마을과 그 주변부 (중략) 450레구아(legua: 과거 스페인에서 사용했던 거리의 단위로 1레구아는 약 5.5km이다-옮긴이)에 이르는 영역에서 남녀노소를 불문하고 모든 인디오를 단도와 창으로 찔러 죽였고 산 채로 불에 태웠다. 결국 그들은 400만 명 이상을 학살했다."

그리고 곳곳에서 이렇게 한탄한다.

"가톨릭교도들은 미쳐 날뛰는 짐승이나 다름없었고 인류를 파멸로 이끄는 인류 최대의 적이었다. (중략) 인디오들이 가톨릭교도 몇 명을 살해한 일은 아주 드문 사건이었다. 이는 정당한 이유와 정의에 근거한 행위였다. 하지만 가톨릭교도들은 이를 구실 삼아 인디오가 가톨릭교도 한 명을 죽이면 그에 대한 복수로 인디오 100명을 죽이기로 정해 놓았다."

라스 카사스는 가톨릭 사제였다. 끊임없는 살상을 이어 가는 가톨릭교도들을 가리켜 가짜 가톨릭교도라고 외치고 싶어 하는 부분에선 고개가 절로 끄덕여진다. 너무나 선량하고 독실해서 그러했을까. 라스 카사스는 인디오들의 사원을 파괴하고 가톨릭교회를 세우는 일, 인디오들의 기억과 가치관을 말살하는 일에 대해서는 아무런 거리낌이 없었는지 일말의 언급도 하지 않았다.

과거를 가질 수 없도록 과거를 빼앗긴 멕시코 땅에서 침략자들이 남긴 스페인어를 공부하기 시작한 나도 몇 개월 동안 과거를 말할 수 없었다.

왜냐하면…….

Nivel 1와 Nivel 2 수업에서는 현재형밖에 가르쳐 주지 않아서 과거형을 쓸 줄 몰랐기 때문이다.

과거는 pasado(파사도), 미래는 futuro(푸투로). 어제는 ayer(아이에르), 내일은 mañana(마냐나). 그런데 pasado+mañana인 pasado mañana는 모레라는 뜻이다. 과거+내일이 왜 모레가 되는지 좀처럼 이해가 안 됐다. 여기서 pasado는 '지난'이라는 뜻을 지닌 형용사라고 하는데 그런 까닭에 '내일이 지난'이라는 의미로 모레가 되는 것 같다. 현재는 ahora(아오라), 좀 더 찰나를 나타내는 지금은 ahorita(아오리타). 오늘은 hoy(오이).

멕시코에 머물던 2010년은 남아프리카공화국에서 FIFA 월드컵이 열렸던 해로 결승전 TV 중계방송이 시작된 오후 무렵에 나는 때마침 과달라하라 중심부의 한 유명 레스토랑에서 식사를 하고 있었다. 가게 안에는 커다란 대형 TV가 구석구석에 놓여 있어 어느 자리에 앉든 축구 경기를 볼 수 있었다.

개막전이 열리던 날은 마침 멕시코시티에 있었는데 축구 중계를 피해 아침 일찍 테오티우아칸으로 도망을 나왔다. 광활한 소칼로가 내려다보이는 호텔 방에 머물렀는데 소칼로는 입이 쩍 벌어질 정도로 커다란 스크린이 대여섯 곳에 설치되는 등 순식간에 월드컵 중계 관람장으로 탈바꿈했다. 개막전은 주최국인 남아프리카공화국 대 멕시코였다. 소칼로 주변은 "메시코! 메시코!"를 부르짖는 사람들로 전날 밤부터 시끌벅적했고 개막전 날 소칼로에서 경기를 관전하기 위해 일부러 호텔을 잡았는지 양쪽 옆방에선 잔뜩 취한 투숙객들이 큰 소리로 "메시코! 메시코!"라고 목 놓아 외쳤다. 테오티우아칸 유적 탐방 투어를 내일로 예약해 놔서 다행이라고 가슴을 쓸어내렸다. 이튿날 눈을 떠 보니 소칼로 주변은 경계가 삼엄했고 호텔 주위에는 경찰들이 바글바글했다.

"오, 이 길이 이렇게 텅 비는 날은 없습니다. 월드컵 때문입니다. 모두 텔레비전을 보고 있겠죠."

테오티우아칸으로 향하는 마이크로버스 안에서 가이드가 말했다. 운전기사가 경기 상황을 전해 줬다. "아직 0 대 0. 비기는 게 나아요. 그게 가장 평화로우니까요."

나는 그 와중에 멕시코의 말살된 과거를 이야기하는 작은 강을 목격했고 그 이야기는 앞에서 말한 대로다.

한편 과달라하라의 레스토랑에서 대형 TV로 본 월드컵 결승전은 스페인 대 네덜란드였다. 점수는 후반전이 끝날 무렵까지 0 대 0이었다. 경기가 거의 끝났다 싶었는데 스페인이 결승 골을 넣었다. 순간 "와!" 하고 함성이 일었다. 골을 넣는 순간은 어느 쪽이 넣든 함성이 나오기 마련이고, 게다가 온 국민이 축구에 열광하는 멕시코인인 만큼 함성 소리도 엄청났다. 과거의 종주국, 아니 침략국인 스페인이 결승 골을 넣었다고 멕시코인이 환호성을 지르지는 않았을 것이다. 한차례 함성이 일고 난 뒤에는 곧바로 매우 조용해졌으니까.

다음 날 학원에서 스포츠를 좋아하는 메르세데스에게 감상을 물었더니 "네덜란드가 이기길 바랐죠."라고 했다. 메르세데스가 왜 그렇게 말했는지 자세히 알지는 못하지만 우루과이 작가 에두아르도 갈레아노의 『수탈된 대지』를 다 읽은 직후였던지라 네덜란드가 과거 인디아스에서 행했던 간접 침략이 떠올랐다.

라스 카사스의 문서가 라틴아메리카가 파괴되는 과정에 관한 '간략한 보고'라면 갈레아노의 책은 '상세한 보고'에 속한다. 막대한 자료를 바탕으로(라스 카사스의 문서도 물론 포함되어 있다) 얼마나 많은 국가들이 라틴아메리카의 부를 수탈해 왔는지 세밀하면서도 극적으로 서술했다. 개정판 서문 앞부분에 나오는 "라틴아메리카가 가난한 이유는 우리가 밟고 선 대지가 풍요롭기 때문이다."라는 말은 섬뜩하리만큼 강렬하고 충격적인데 이 책은 그 사실을 증명하듯 쓰라린 역사를 낱낱이 보여 준다.

라스 카사스의 문서에도 스페인인들이 인디아스의 광산에서 금과 은을 닥치는 대로 빼앗아 갔다는 보고가 있다. 하지만 학살이 너무나도 참혹했기 때문에 학살의 목적, 즉 금과 은의 수탈에 관한 부분은 사실 흐릿해졌다. 바로 그 부분, 식민지 약탈의 내실을 갈레아노는 무수한 예를 인용하면서 보여 준다. 무엇보다 스페인이 인디아스에서 빼앗아 간 금과 은이 스페인 왕국을 부유하게 만들지는 못했다는 보고에 입이 딱 벌어진다. 당시 스페인은 버블 경제 상태였지만 유럽 국가들에게 막대한 빚을 지고 있어서 인디아스에서 약탈한 금과 은은 빚을 갚는 데 쓰였다고 한다.

"인디아스에서 수탈한 금과 은의 3분의 1 남짓은 네덜란드인과 플랑드르인의 손으로 넘어갔고 4분의 1은 프랑스인이 차지했다. 제노바인이 20퍼센트, 영국인이 10퍼센트, 독일인이 10퍼센트 정도씩 나눠 가졌다. (중략) 아메리카는 유럽의 장사판이었던 셈이다."(앞의 책)

여기서 아메리카는 인디아스를 가리키는데 갈레아노의 이 걸작은 '유럽의 자본축적을 위한 식민지 수탈의 대리인 역할을 하는 일은 결코 없었다.'던 '아메리카합중국'의 약탈 또한 파헤치고 있다.

2010년은 미구엘 이달고 이 코스티야(Miguel Hidalgo y Cos-tilla) 사제의 외침과 함께 1810년 멕시코 독립 운동이 일어난 지 200년이 되는 해였고 농민인 에밀리아노 사파타 살라사르(Emiliano Zapata Salazar)가 1910년 혁명을 일으킨 지 100년을 맞이하는 해여서 멕시코 정부는 기념 지폐와 동전을 발행하기도 했다. 만약 월드컵에서 이겼다면 온 나라가 더욱 들썩거렸을 듯싶다.

축구는 fútbol(푸트볼), 축구 선수는 futbolista(푸트볼리스타). 시합은 partido(파르티도), 팀은 equipo(에키포).

"카톨리코는 악이다."

멕시코에서 알고 지낸 한 청년 경찰관이 한 말이다. 성서를 열심히 읽는 독실한 신흥종교 신자로, 일본어 공부에 열을 올리던 청년이었는데 '카톨리코는 악'이라고 거침없이 내뱉었다.

또한 라울도 냉소적으로 "카톨리코는 끊임없이 인디오를 죽이고선 성호를 그었다."라고 말하며 "굳이 따지자면 난 불가지론자."라고 했다.

멕시코는 국민의 90퍼센트가 가톨릭교도라고 하는데 내가 겨우 10퍼센트인 소수파를 연달아 만난 것일까? 그렇지 않으면 명목상의 숫자와 실제 숫자는 사실상 다른 것일까?

무엇보다 가톨릭교회가 줄곧 독점적으로 거대 권력을 휘둘러왔냐 하면 그렇지만도 않다. 외국자본의 진출을 점차 허용하면서 독재정치를 펴던 호세 데 라 크루스 포르피리오 디아스 모리(José de la Cruz Porfirio Díaz Mori) 대통령에 대한 반발로 1910년 멕시코혁명이 시작된 뒤, 30년 가까이 멕시코 사회는 혼돈 속에서 헤어 나오지 못했고, 그런 가운데 가톨릭교회에 대한 체념 섞인 목소리가 강해졌다. 오랫동안 정치에 영향을 끼쳐 왔던 가톨릭교회를 불신하는 세력이 목소리를 높이게 되었고, 헌법 개혁을 추진하는 의회에서도 "멕시코에서 교회와 성직자를 추방하자."라고 주장하며 성직자를 '흡혈귀, 강도 집단, 무법자, 협잡꾼, 사기꾼'이라고 매도하기에 이르렀다(구니모토 이요,『멕시코혁명과 가톨릭교회』). 1917년에 제정된 헌법에서는 교회에 대한 반감이 더욱 강해졌고 교회와 성직자 수를 대폭 제한하는 주(州)도 나왔다.

이런 움직임을 가톨릭 박해라고 주장하는 사람들도 생겨났는데 영국의 가톨릭 작가 그레이엄 그린(Graham Greene)은 멕시코의 가톨릭 박해에 관한 책을 쓴다는 계약으로 멕시코에 오기도 했다. 1940년에 발간된 멕시코를 무대로 한 소설『권력과 영광(The Power and the Glory)』은 그레이엄 그린이 1937년 약 1년 동안 멕시코에 머물렀던 경험을 토대로 쓴 소설이다.

나는 『권력과 영광』을 멕시코에서 읽었다. 전에 읽었는지 어쨌는지는 기억에 없다. 멕시코를 어떻게 묘사했는지 알고 싶어서 집어 들었다. 그랬더니 어이쿠, 있구나, 있어! 태양이 강렬하다는 취지의 표현이 첫 장부터 25쪽 사이에 줄줄이 등장한다. "뜨겁게 내리쬐는 멕시코의 태양", "이글이글 타오르는 듯한 작은 광장", "태양이 뜨겁게 달구어진 철봉처럼", "뜨거운 도로", "가차 없이 내리쬐는 햇빛", "불타는 듯한 도로", "태양을 피해 쉬다", "눈부시게 쨍쨍 내리쬐는 햇빛 아래" 등등 대충 훑기만 해도 이 정도다. 강렬한 태양을 피하기 위한 '나무 그늘', '음지'라는 단어도 자주 나온다. 덥다고 해야 할지, 뜨겁다고 해야 할지 역시 그레이엄 그린에게도 멕시코의 강렬한 태양은 인상 깊게 남았나 보다.

단순히 멕시코가 어떤 모습으로 그려졌는지 보고 싶어 책을 펼쳐 들었는데 읽다 보니 왠지 모를 의문에 휩싸였다. 근본적으로 잘못 독해하고 있나 하는 생각이 들 정도였다.

교회를 폐쇄하기로 결정한 주(州)가 소설의 무대였다. 그런 곳에서 가톨릭 신부는 죽거나, 아니면 속세의 일반인처럼 결혼을 해 통속적이 되거나 둘 중 하나를 선택하도록 강요받았다. 적어도 그린의 소설에서는 그랬다. 그 어느 쪽도 선택할 수 없었던, 하지만 한순간의 방황으로 사생아를 만든, 술 좋아하는 파계 신부가 끝없이 도망 다니는 것이 큰 줄거리다. 그리고 그 신부를 '가톨릭은 악'이라고 믿어 의심치 않는 경찰이 집요하게 뒤쫓는다는 설정이다. 이야기 자체는 쫓기는 자와 쫓는 자, 주제는 인간과 신의 관계, 신앙의 깊이를 다뤘다. 그린의 야심작으로 전 세계에서 널리 읽혔는데 1971년에 새롭게 실린 서문에는 "내가 지금까지 쓴 그 어떤 소설보다도 만족스럽다." 고 쓰여 있다. 또 발간 50주년인 1990년 기념 판이 나왔을 당시 하야카와이피아이문고의 안토쿠 군이치(安德軍一)가 쓴 해설을 보면 "그레이엄 그린은 자신이 쓴 작품 중『권력과 영광』을 기교면에서 최고라고 여겼습니다."라는 대목이 나오는데 이렇게까지 말하는 걸 보면 작가 자신은 이 작품을 상당히 마음에 들어했던 모양이다.

파계한 신부는 도망 다닌다. 경찰은 뒤쫓는다. 박진감 넘치는 전개지만 이 둘, 일단 신부가 도저히 멕시코인이라는 생각이 들지 않는다. 멕시코인 신부라면 자기 신앙의 깊이만을 생각하지는 않을 터다. 머나먼 옛날 스페인에서 온 가톨릭교도가 원주민의 종교를 어떻게 말살했는지, 얼마나 많은 원주민을 장난삼아 죽였는지 떠올려 봄 직한데 그런 부분에는 전혀 생각이 닿지 못한다. 또한 혼란스런 혁명이기는 하지만 혁명의 목적이 무엇이었는지 양심 있는 신부라면 한 번쯤 고뇌했을 법한데 그런 내용도 없다.

아마도 그레이엄 그린은 신앙의 깊이라는 주제를 추구하는 데 몰두한 나머지 신부가 멕시코인이라는 사실을 잊은 게 분명하다. 그리고 멕시코의 상황과는 관계없이 종교 탄압 속에서 고뇌하는 종교인의 문제라는, 심오할지는 모르지만 어떤 의미에서는 현실과 괴리된 추상적인 이야기를 해 버렸다. 그런 문제를 마음껏 추구할 수 있었으니 작가 본인은 크게 만족할 수 있었겠지.

하지만 라스 카사스, 갈레아노의 책을 읽고, 또 신흥종교를 믿는 경찰과 불가지론자 교사를 만나고 난 뒤여서 그런지 멕시코의 가톨릭 역사와는 너무나 동떨어진 소설 내용이 나는 아무래도 성에 차지 않는다.

교회는 iglesia(이글레시아), 신부는 padre(파드레), 경찰은 policía(폴리시아).

올림픽 전야의 대학살

영어를 처음 배우기 시작한 중학생 때도 생각해 보면 동사는 현재형부터 배웠다. 하지만 그때는 과거형을 쓸 수 없는, 과거를 말할 수 없는 일에 아무런 조바심이 일지 않았다. 어렸으니 말할 만한 과거가 없었다는 것은 아니다. 왜냐하면 "어제 누구누구랑 놀았는데 말이야." 정도의 과거는 아무리 어린 아이라도 있을 테니까.

조바심을 느끼지 않았던 이유는 아마 말할 필요가 없었기 때문에, 영어를 쓸 일이 없었기 때문일 터다. 영어를 공부하는 곳은 학교나 학원이었고 그런 공간에서 한 발짝만 밖으로 나오면 그 뒤로는 영어를 쓸 일이 없기 때문에 영어의 과거형을 아는지 모르는지 따위 아무런 상관이 없었다.

하지만 멕시코에서 스페인어를 배우기 시작했을 무렵 어학원이라는 학습 공간에서 한 발짝 벗어난 순간 더욱더 안간힘을 다해 스페인어를 써야만 했는데, 이를테면 교실을 나오자마자 "휴, 드디어 수업이 끝났다." 등 곧바로 과거형이 필요했다("드디어 수업이 끝났다."는 과거형보다도 현재완료형이 어울리지만). 멕시코인과 친해지게 되면 "어때, 잘 지내?"라는 인사 정도는 나누게 되고 그러면 근황 보고를 하게 되는데, 어쨌든 근황이라는 것은 과거의 사건 보고이므로 과거형을 써야만 한다. 그런데 과거형을 쓸 수 없기 때문에, 과거형을 알지 못하기 때문에 서로 애가 탈 수밖에. 예를 들자면,

"¿Hola, qué tal?(올라 케 탈: 안녕, 잘 지내?)"이라고 멕시코인이 묻는다.

"Bien, bien(비엔, 비엔: 잘 지내)."이라고 내가 대답한다. 여기까지는 문제가 없다.

"¿Qué hiciste al fin de semana?(케 이시스테 알 핀 데 세마나: 주말에 뭐 했어?)"라고 멕시코인이 묻는다. 이 질문을 어찌어찌 이해했다 하더라도 문제는 대답이다. 주말에 나는 신발 가게에 가서 구두를 샀다. 하지만 과거형을 모르니 어쩔 수 없이 현재형으로 말한다.

"Voy a la zapatería(보이 아 라 사파테리아: 신발 가게에 갑니다). Compro los zapatos(콤프로 로스 사파토스: 구두를 삽니다)."

뭐, 이 정도의 대화라면 상대의 질문에 현재형으로 계속 대답하더라도 지장은 없을 것이다. 하지만 답답해서 속이 탄다. 화가 난다. 뭔가 억울하다. 마치 가까스로 수영을 하고는 있지만 숨 쉬기가 제대로 안 되는 듯한 기분이다. 게다가 과거의 일이라는 것을 어떻게든 강조하고 싶을 때도 있으니 그럴 때에는 현재형으로 말하면서 동시에 엄지손가락을 세워서 등 뒤쪽

을 가리키며 마치 요가를 하듯이 기묘한 제스처로 과거의 일임을 나타내기도 했는데 이 또한 매우 피곤하다. 상대편은 제스처를 보고 무슨 뜻인지 이해를 하고 "알겠어요, 고생이 많으시네요."라고 말하듯이 내가 말한 현재형 동사의 과거형을 가르쳐 주기도 했다. 하지만 제스처를 취하는 것만으로도 완전히 피곤해진 상태라 그것을 기억할 정도의 여유는 전혀 없었다.

voy는 ir(이르: 가다)의 1인칭 단수 현재형이다. compro는 comprar(콤프라르: 사다)의 1인칭 단수 현재형이다. 가다와 사다는 일상생활에서 자주 쓰는 단어이기 때문에 일찌감치 습득했다. hiciste는 hacer(아세르: 하다, 영어의 do)의 2인칭 단수 과거형이다. 영어에선 I라든지 you 등 주어를 분명히 말하는 것이 일반적이지만 스페인어에서는 yo(=I), tú(=you)를 대부분 생략한다. 동사로 주어를 파악할 수 있다(있어서인 듯하다).

Nivel 3(tres: 트레스)와 4(cuatro: 쿠아트로)에 들어가면서 드디어 과거형을 만났다. 수업은 순식간에 과거형의 세계로 돌변했다.

그러던 어느 날 재미있는 과제가 나왔다. 과제는 Nivel 1와 2 때도 매일이다시피 있었고 그 덕분에 tarea(타레아: 과제)라는 단어를 일찍 습득할 수 있었지만 Nivel 3와 4 수업 때 나온 tarea는 매우 훌륭했다. 특정 동사의 변화를 외어 오라거나 써 오라는 식이 아니라 지금은 이 세상에 없는 죽은 이의 소개문을 작성해 오라는 것이었다. 즉 누군가의 짧은 자서전을 써 보라는 과제다. 그리고 자신이 해 온 과제를 수업 시간에 발표하라고 했다.

훌륭한 과제였다. 고인에 관해 쓰려면 동사는 필연적으로 과거형을 써야만 한다. 과거형만을 쓰게 하면서 나아가 제 나름의 표현도 살려 보게 하려는 의도였다. 나는 데즈카 오사무(手塚治虫)에 관해 쓰기로 하고 위키피디아를 참조하면서 일단 일본어로 연혁을 만들었다.

1928년, 태어났다. 초등학교 때부터 만화를 그렸는데 그의 만화는 선생님과 친구들에게 인기가 많았다.

1946년, 의학부 학생 때 신문에 만화를 연재하면서 만화가로 데뷔했다.

1947년, 장편 만화가 베스트셀러가 되었고, 학교생활을 하는 동시에 만화도 계속 그렸다.

1950년, 『밀림의 왕자 레오』 잡지 연재 시작.

1952년, 『우주소년 아톰』 잡지 연재 시작.

1953년, 『리본의 기사』 잡지 연재 시작.

1954년, 『불새』 잡지 연재 시작.

정리하면서 아, 그랬구나 하고 데즈카 오사무가 20대 초반부터 대표작을 줄줄이 내놓았다는 사실에 새삼 놀랐는데 그건 그렇다 치고. 일단 머리에 떠오른 동사의 과거형을 하나하나 만들어야만 하는데 벌써 머리가 지끈거렸다. '태어났다', '그렸다', '학생이었을 때' 전부 과거형이기 때문이다.

게다가 스페인어의 과거형은 ① 순간적인 과거를 나타낼 때와 ② 계속적인 과거를 표현할 때, 이렇게 두 종류가 있고 이에 따라 활용이 달라지기 때문에 과거형으로 고치기가 만만치 않다. ①은 일본에서 가르치는 스페인어 문법으로는 '점과거(點過去)'라고 한다(나는 pretérito(프레테리토)라고 배웠다). ②는 '선과거(線過去)'라고 한다(나는 imperfecto(임페르펙토)라고 배웠다)(한국의 스페인어 문법책에서는 대체로 점과거를 부정 과거(완료 과거, 단순 과거), 선과거를 불완료 과거라고 칭한다-옮긴이). 먼저 어떤 과거에 해당하는지 판단해야 하고, 판단이 섰다면 각각의 활용형으로 바꿔야 한다. '태어났다'는 순간적인 일이므로 ①, '그렸다'와 '학생이었을 때'는 장시간에 걸친 일이므로 ②다. 여기에 데즈카 오사무를 소개하는 말로 이를테면 "애니메이션은 멕시코뿐만 아니라 전 세계적으로 인기가 많은데 데즈카 오사무는 일본 애니메이션에 지대한 영향을 끼친 인물입니다."라는 식의 문장이 필요하다. 그렇게 되면 '애니메이션은 인기가 많은데'라는 부분의 동사는 현재형이다. 또한 생애를 소개하는 이상 언제 죽었는지도 언급해야 한다. '죽었다'는 순간적인 일이므로 ①이며…….

죽은 이의 소개문을 작성해 오라는 tarea는 사실 점과거형, 선과거형, 현재형이 뒤섞인 복잡한 글을 써 오라는 너무도 어렵고 벅찬 tarea였던 셈이다.

하지만 새삼 생각해 보면 모어를 학습할 때 어린아이가 현재형부터 배우거나 하지는 않는다. 현재형, 과거형, 미래형이 마구 뒤섞인 말을 들으면서 언어를 익힌다. 시제가 뒤섞이는 것은 말의 일반적인 존재 방식이다.

미래형이 등장하지 않는 것만으로도 고맙게 여기자고 스스로를 다독이며 사전을 뒤적였다. 코미다 전에는 얼추 정리될 줄 알았는데 그러기는커녕 코미다 후에도 끙끙대면서 매달렸다. 엄청 피곤한 tarea였다.

이 짧은 자서전 tarea 덕분에 나뿐만 아니라 수업을 같이 듣는 친구들 모두 nació(나시오)와 murió(무리오) 두 단어는 확실하게 외울 수 있었다. nació는 nacer(나세르: 태어나다)의 3인칭 단수 점과거형, murió는 morir(모리르: 죽다)의 3인칭 단수 점과거형이기 때문이다.

『우주소년 아톰』은 영어권뿐 아니라 스페인어권에서도 영어 표현인 『Astro Boy』로 쓴다. 과제는 멕시코에서는 tarea라고 하고 스페인에서는 deberes(데베레스)라고 한다.

교재에도 과거형을 만들라는 문제가 계속 나왔다. 마치 배우기 전에 익숙해지라는 듯 문제가 쏟아졌다. 연월일이 적힌, 주로 멕시코를 포함한 중남미 역사를 정리한 문장이 줄줄이 나오는 페이지도 있는데 "현재형으로 쓰인 동사를 과거형으로 고치시오."라는 식의 문제가 이어진다.

이를테면 "1492년 10월 12일 콜럼버스가 신세계를 발견하다. 지금의 도미니카공화국에 도착하다. 그곳을 'La Española(라 에스파뇰라)'라고 이름 붙이다."라는 현재형으로 쓰인 문장의 '발견하다', '도착하다', '이름 붙이다'를 과거형으로 바꾸는 문제다.

"1967년 10월 20일 화산인 포포카테페틀(Popocatépetl)산이 1665년 이후 처음으로 분화하다."의 '분화하다'를 과거형으로 바꾸라는 문제도 있다.

익숙지 않은 고유명사도 많이 나오고 그 밖에도 낯선 명사와 형용사가 툭툭 튀어나와서 문장 전체를 곧바로 이해하기는 도저히 불가능했지만 주어진 과제는 동사를 과거형으로 바꾸는 것이다. 그러니 동사를 찾아 그동안 배운 변화 규칙을 떠올리면서 과거형으로 바꿔 쓰기만 하면 된다. 쓰여 있는 내용을 굳이 이해하지 않더라도 기계적으로 처리할 수 있는 작업이었다. 그렇게 해서 변화 규칙을 머릿속에 집어넣는 것이 이 과제의 취지였다.

그런데 그때 불쑥 무시무시한 동사가 들어 있는 문장이 나타났다.

"1968년 10월 2일 삼문화 광장에서 군대가 시위를 하는 다수의 학생을 **살해하다.**"

살해하다(asesinar: 아세시나르)를 과거형으로 바꾸는 문제인데 asesinar는 어미가 ar인 규칙적으로 변화하는 동사이므로 과거형으로 바꾸는 일 자체는 어렵지 않다. 하지만 '다수의 학생을 **살해하다**'라니 도대체 무슨 말일까? 갑자기 등장한 멕시코의 현대사 사건에 눈이 휘둥그레졌다.

게다가 이런 무시무시한 단어를 포함한 문장 다음에 다음과 같은 문제가 이어졌다.

"1968년 10월 12일 멕시코 대통령 구스타보 디아스 오르다스(Gustavo Díaz Ordaz)가 제19회 올림픽경기 '우애의 경기'를 개회하다."

이 문장도 문제는 '개회하다(inaugurar: 이나우구라르)'를 과거형으로 바꾸는 것인데 마찬가지로 어미가 ar로 끝나므로 바꾸기는 어렵지 않다. 하지만 두 문장을 놓고 곰곰이 따져 보면 1968년 10월 2일에 군대가 학생들을 대량 학살하는 사건이 일어났고 열흘 뒤인 12일에는 올림픽이 시작되었다는 말이 된다. 점점 으스스해진다.

1968년에 멕시코시티에서 개최된 올림픽은 중남미에서 처음으로 열린 올림픽으로 위키피디아에서 찾아보니 축구에서는 일본이 멕시코를 누르고 동메달을 땄고 마라톤에서는 기미하라 겐지(君原健二)가 2위를 차지했다고 한다. 하지만 이 올림픽에서 가장 강렬한 인상을 준 사건을 꼽으라면 당시 미국 사회를 휩쓸던 흑인 운동, 이른바 블랙 파워가 경기장에서 고스란히 재현된 장면일 것이다. 육상 남자 200미터에서 미국의 토미 스미스(Tommie Smith)가 세계 신기록으로 금메달을, 오스트레일리아의 피터 조지 노먼(Peter George Norman)이 은메달을, 미국의 존 웨슬리 칼로스(John Wesley Carlos)가 동메달을 땄는데 시상대에 오른 두 미국인(흑인)의 행동이 전 세계를 놀라게 했다. 위키피디아를 인용해 본다.

"아프리카계 미국인 두 선수는 흑인의 빈곤을 상징하기 위해 신발을 신지 않고 검은 양말만 신은 채 메달을 받았다. 또한 스미스는 흑인의 프라이드를 상징하는 검은 스카프를 목에 두

르고 칼로스는 쿠 클럭스 클랜(Ku Klux Klan, KKK) 등 백인 우월주의 단체에게 린치를 당한 사람들을 추모하는 묵주를 지녔다. 한편 노먼도 두 사람의 시위에 동참해 세 사람 모두 '인권을 위한 올림픽 프로젝트(Olympic Project for Human Rights, OPHR)' 배지를 달았다. 칼로스가 본래 착용할 예정이었던 검은 장갑을 깜박하고 놓고 나왔는데, 노먼이 스미스의 장갑을 두 사람이 나눠 끼면 어떻겠냐고 제안해 스미스가 오른손에, 칼로스가 왼손에 장갑을 꼈다. 미국 국가가 연주되고 성조기가 게양되는 동안 스미스와 칼로스는 시선을 떨구고 고개를 숙인 채 검은 장갑을 낀 손을 높이 쳐들었다. 시상식장의 관중들은 야유를 보냈고, 이때의 상황은 전 세계에서 뉴스로 다뤄졌다."(블랙 파워 설루트(Black Power salute))

텔레비전 영상으로 봤는지, 신문 사진으로 접했는지 확실치 않지만 이 장면은 내 기억에도 또렷이 남아 있다. 당시 나는 미국 문학을 읽기 시작한 지 얼마 되지 않은 때여서 미국에서 활발하게 일어났던 블랙 파워 운동에 관심이 많았다. 멕시코 올림픽에서까지 블랙 파워 운동의 영향이 나타났으니 그 극적인 상황에 매우 큰 감동을 받았다.

하지만 올림픽이 있기 열흘 전 바로 그 멕시코시티에서 군인들이 학생들을 대량 학살했다니! 곧바로 찾아봤더니 대량 학살 피해자는 250명이 넘는다고도, 300명이 넘는다고도 하며 살해 현장인 삼문화 광장은 며칠 뒤 아무 일도 없었다는 듯이 깨끗하게 정리되어 올림픽을 맞이했다고 한다.

1968년은 반체제 학생운동이 전 세계적으로 일어난 해다. 파리의 5월 혁명을 주도한 것도 학생이었으며 일본에서도 많은 대학에서 전공투('전국학생공동투쟁회의'의 약칭으로, 1960년대 일본 각 대학에 결성된 학생운동 단체를 가리킨다-옮긴이)가 운동을 전개했고 미국에서도 베트남전쟁과 인종차별에 항의하는 학생운동이 활발히 일어나 '스튜던트 파워'라는 단어가 생겨나기까지 했다. 멕시코에서도 마찬가지였다. 엘레나 포니아토프스카(Elena Poniatowska)는 사람들의 증언만을 모아 재구성한『틀라텔롤코의 밤(The Night of Tlatelolco)』에서 군인들이 삼문화 광장에 모인 수많은 학생을 살해한 날 도대체 무슨 일이 어떻게 일어났는지 소상히 밝히고 있다. 그녀의 말을 빌리자면, 정부는 중남미에서 처음으로 열리는 올림픽이었기에 "멕시코는 모범 국가이며 라틴아메리카의 미래는 오로지 멕시코의 진보와 안정에 달려 있다."는 것을 보여 주기 위해 열을 올리고 있었다. 한편 학생들은 "빈곤, 맨발의 사람들, 영양실조로 배만 볼록해진 아이들, 끼니를 잇기조차 힘든 농민들, 지금까지도 그랬고 앞으로도 무관심 속에서 잊힐 사람들에게 적대적인 사회와 그것을 가로지르는 계급 간의 깊은 골을 직시하라.”면서 지금은 올림픽을 개최할 때가 아니라고 주장했다. 그들은 “우리는 올림픽을 원하지 않는다! 혁명을 원한다!”는 슬로건을 내걸고 운동을 이어갔다. 올림픽 개최 열흘 전인 10월 2일 학생들은 삼문화 광장에 모여들었고 결국 그 자리에서 죽음을 맞았다.

살아 있다면 아마 지금쯤 60을 조금 넘긴 나와 비슷한 나이일 거라는 사실에 새삼 충격을 받았다. 어학원이 독자적으로 만든 학원 교재에서 과거형을 작성하는 과제를 통해 멕시코의 현대사를 무심한 듯 가르쳐 주는 방식에 무척이나 감탄했다. 어학 교육도 방식에 따라서는 어학 그 이상의 것을 전달할 수 있구나 하고 말이다.

언젠가 과달라하라의 대형 서점에 갔더니 매대 맨 앞 눈에 잘 띄는 곳에 『틀라텔롤코의 밤』이 쌓여 있었다. 사건이 일어난 지 얼마 안 된 1971년에 발간된 책인데 여전히 신간처럼 놓여 있었다. 멕시코인들에게 이 사건이 얼마나 큰 의미를 지니는지 실감했다.

동사 어미는 세 종류밖에 없다. hablar(아블라르: 말하다)처럼 ar, comer(코메르: 먹다)처럼 er, vivir(비비르: 살다)처럼 ir. 대체로 규칙

활용인데 empez**ar**(엠페사르: 시작하다), quer**er**(케레르: 좋아하다),
ven**ir**(베니르: 오다) 등 불규칙활용인 동사도 꽤 있다. 이런 동사를 접하
면 괴롭지만 규칙에는 늘 예외가 있는 법이니까.

멕시코의 스페인어는 16퍼센트 할인

"멕시코에서 스페인어 공부를 시작했으면 좋았을걸."

Nivel 3와 Nivel 4 수업을 함께 듣는 일본인 츠요시가 말했다. 츠요시는 간사이의 대학에서 2년 동안 스페인어를 배웠기 때문에 나보다 훨씬 스페인어에 능숙했고 듣기만 조금 힘들어하는 정도였는데 그런 그가 어느 날 무심코 이런 말을 툭 뱉었다.

"아무래도 멕시코에서 쓰는 스페인어가 좀 더 쉬운 것 같아요."

츠요시는 일본에서 스페인어를 처음 배웠고 일본에서 가르치는 스페인어는 스페인에서 쓰는 스페인어다. 한편 멕시코에서 가르치는 스페인어는 멕시코에서 쓰는 스페인어다. 멕시코에서 지내면서 둘 사이에 큰 차이가 있다는 사실을 깨달은 츠요시는 멕시코의 스페인어가 더 쉽다고 여겼다.

중국어와 영어도 그렇듯이 스페인어 또한 똑같은 스페인어라도 지역에 따라 많이 다르다. 이를테면 단어만 보더라도 camión과 tarea 등 스페인과 멕시코에서 쓰이는 단어의 뜻이 다르다.

하지만 이런 차이가 '쉽다'는 판단의 근거가 되지는 못한다. '쉽다'는 판단의 근거는 바로 멕시코의 스페인어는 스페인의 스페인어보다 인칭대명사가 하나 적다는 데 있다. 이건 굉장히 큰 차이다.

앞에서 과거형을 배우느라 꽤 고생했다고 적었는데(물론 아직도 고생하고 있지만) 어떤 언어든 마찬가지지만 스페인어의 동사 변화도 골치깨나 썩인다. 현재, 과거, 미래라는 시제에 따라 변화하고 사실을 말할 때와 가정을 말할 때, 즉 직설법인지 가정법인지 접속법인지에 따라서도 변화한다. 게다가 과거형도 '점'과 '선'으로 나뉜다. 내가 모를 뿐이지 그 밖에도 분명 여러 가지 변화 형태가 여기저기 숨어 있을 것이다. 동사 하나만 해도 변화에 따라 외워야 할 단어가 감자 캐듯 캐내도 캐내도 줄줄이 딸려 올라온다. 그러니 가능하면 하나라도 줄었으면 싶다.

그런데 멕시코의 스페인어라면 스페인의 스페인어보다 쉽다!

동사는 시제와 문법에 따라 변화하는데 그 모든 게 인칭에 따른다.

먼저 정리해 두자면 스페인의 스페인어 인칭은 다음과 같다.

① 1인칭 단수 →yo(나는)

② 2인칭 단수 →tú(너는)

③ 3인칭 단수 →él(그는)/ella(그녀는)/usted(당신은)

④ 1인칭 복수 → nosotros(우리들은: 남성) / nosotras(우리들은: 여성)

⑤ 2인칭 복수 → vosotros(너희들은: 남성) / vosotras(너희들은: 여성)

⑥ 3인칭 복수 → ellos(그들은) / ellas(그녀들은) / ustedes(당신들은, 여러분은)

2인칭에 속해야 할 usted와 ustedes가 3인칭에 들어 있는 이유는 동사가 3인칭과 마찬가지로 변화하기 때문이다.

두 종류의 2인칭을 일단 '너'와 '당신'으로 각각 옮겼는데 전자는 친한 사람에게, 후자는 모르는 사람이나 윗사람에게 쓴다.

또한 1인칭 복수와 2인칭 복수에 각각 두 종류의 표기가 있는 것은 o가 있는 쪽은 '남자만 또는 남녀 혼합', a가 있는 쪽은 '여자만'인 경우로 나누어 쓰기 때문이다.

그럼 이번에는 멕시코의 스페인어 인칭을 보자. 놀랍게도 스페인의 스페인어 ⑤에 해당하는 인칭이 없다. 멕시코의 스페인어 인칭은 이렇게 나뉜다.

① 1인칭 단수 → yo(나는)

② 2인칭 단수 → tú(너는)

③ 3인칭 단수 → él(그는) / ella(그녀는) / usted(당신은)

④ 1인칭 복수 → nosotros/nosotras(우리들은)

⑥ 3인칭 복수 → ellos/ellas(그들은, 그녀들은)/ustedes(당신들은, **너희들은**)

즉 vosotros/vosotras가 없고 대신에 ustedes를 쓴다. 그러니 멕시코 스페인어의 ustedes는 '당신들은'과 '너희들은', 이렇게 두 가지 의미로 쓰인다는 말이 되는데 이게 스페인어 학습자에게는 얼마나 고마운 일인지 모른다. 왜냐하면 외워야 할 동사 변화의 수가 하나 줄어들기 때문이다.

스페인의 스페인어라면 여섯 가지를 외워야 하지만 멕시코의 스페인어라면 다섯 가지만 외우면 된다. 이는 엄청난 차이다. 시제와 문법은 여러 가지이기 때문에 쌓이고 쌓이면 상당한 수가 된다. 16퍼센트가 넘는 할인이 고맙기 그지없다. 그래서 츠요시는 "멕시코에서 쓰는 스페인어가 좀 더 쉬운 것 같다."라고 말한 것이다.

vosotros/vosotras는 멕시코뿐만 아니라 중남미의 스페인어권 대부분의 나라에서 사용하지 않는 듯한데 왜 그렇게 되었을까?

16세기 원주민에게 스페인어를 강요한 스페인 선교사들이 원주민들이 조금이라도 쉽게 스페인어를 배울 수 있게 하려고 16퍼센트 넘는 할인을 해 준 것일까? 지금 스페인어 바다에 빠져 조금이라도 쉽게 스페인어를 배우고 싶은 사람이라면 이런 생각이 들 수도 있겠지만, 그 당시에 포르투갈어를 쓰는 브라질을 제외하고 중남미 전역에서 그런 일관된 교육 방침을 철저하게 펼치기는 아무래도 무리였을 것이다. 당시 스페인 사람들이 쓰던 스페인어에 vosotros/vosotras가 아직 확립되어 있지 않았기 때문이라는 설이 있는데 아마 이 설이 더 유력할지도 모른다.

NHK 라디오 스페인어 강좌를 한 달 정도 듣고 그만두기를 반복할 때의 일이다. 어느 해이던가 강좌 담당 교사가 아르헨티나 출신이었다. NHK 강좌는 스페인의 스페인어를 다루는 것을 원칙으로 하지만 이 선생님은 기회가 될 때마다 아르헨티나의 스페인어는 스페인의 스페인어와 많이 다르다고 말하곤 했다. 그때 해 준 얘기 가운데 인칭대명사도 있었는데 아르헨티나에서는 ②의 2인칭 단수를 vos라고 한다고 했다. 여섯 가지를 외우는 것만으로도 머리가 어지럽다고 말하던 처지였기에 "또 하나 더?! 너무하네!" 하고 스페인어의 복잡다단한 변형에 질려 버렸지만 vos가 아르헨티나에 정착한 것이나 vosotros/vosotras가 중남미 전역에서 쓰이지 않는 점은 스페인 스페인어의 불안정한 역사를 여실히 보여 주는 것이리라.

어쨌든 16퍼센트 넘는 할인에 츠요시는 "멕시코에서 스페인어 공부를 시작했으면 좋았을걸." 하고 억울해했고, 나는

"멕시코에서 스페인어 공부를 시작해서 다행이다."라고 기뻐
했다.

3인칭 단수에 들어가는(사실은 2인칭 단수의) usted는 '우스테'라고 발음
하며 끝의 d는 소리를 내지 않는다. 단어 끝에 오는 d는 소리를 내지 않
는 경우가 대부분이다. universidad(우니베르시다: 대학), soledad(솔
레다: 고독) 등. d로 끝나는 이런 단어의 복수는 usted가 ustedes가 되
듯이 반드시 es를 붙이며 '데스'라고 발음한다. ustedes(우스테데스),
universidades(우니베르시다데스), soledades(솔레다데스).

전 세계에서 가장 많이 쓰이는 모어(母語)는 무엇일까? 인터
넷에서 여러 통계를 참조하며 알아봤다. 어떤 통계든 중국어
를 단연 1위로 꼽는 데 비해 2위, 3위, 4위는 조금씩 다르다. 2
위 영어, 3위 힌디어, 4위 스페인어라고 하는 곳이 있는가 하
면 2위 영어, 3위 스페인어, 4위 힌디어라고 하는 곳도 있으며,
2위 스페인어, 3위 영어, 4위 힌두어라고 하는 곳도 있다. 어쨌
든 스페인어는 세계에서 꽤 많은 사람들이 모어로 쓰는 언어
다. 실제로 스페인은 물론이거니와 중남미 국가들은 브라질을
제외하면 대부분의 국가가 스페인어를 쓴다. 또한 미국에서도
스페인어 사용 인구가 꾸준히 늘고 있으며 이런 이유 때문에

나는 스페인어 공부를 시작했다고 이 책 서두에서 고백한 바 있다.

그렇다면 스페인어 사용 인구가 가장 많은 곳은 이들 국가 중 어디일까? 바로 멕시코다. 그뿐만이 아니라 2015년 7월 CNN은 "스페인에 본부가 있는 비영리 기관 '세르반테스 문화센터'는 4일, 스페인어 사용 인구가 많은 국가로 멕시코에 이어 미국이 세계 2위로 부상했다는 새 보고서를 공표했다."고 보도했다.(CNN 웹 사이트)

즉 스페인어 사용 인구수로 따지면 지금은 1위 멕시코, 2위 미국, 3위 스페인이 됐다. 참고로 4위는 콜롬비아다.

이 통계를 자세히 들여다보면 스페인어는 스페인 이외의 국가에서, 즉 미국과 중남미에서 가장 많이 쓰인다는 사실을 확인할 수 있다. 언어는 살아 있는 생물이다. 기회주의자다. 정통이 아닌 변칙적인 말씨도 많은 사람이 쓰게 되면 정통의 자리를 차지한다. 가까운 예로 일본어의 라누키코토바(ら抜き言葉: 동사의 어근에 붙어 가능형을 나타내는 라레루(られる)에서 라(ら)를 빼고 레루(れる)만을 쓰는 경향으로, 현대 일본어 문법 파괴의 상징처럼 지적되기도 한다-옮긴이)의 대두를 들 수 있다. vosotros/vosotras가 세계의 스페인어 사용 인구로 따져 적은 쪽에 속하는 스페인에서만 통용된다면 아마도 언젠가는 완전히 자취를 감추어 고어

(古語)의 반열에 들지 않을까 싶기도 하다.

언어를 뜻하는 스페인어는 idioma(이디오마)다. "몇 개 국어 가능하
니?"라고 물을 때 idioma를 쓴다. 하지만 영어를 먼저 배운 나는 이 단
어를 보고 영어의 idiom이 떠올라 '흠, 언어를 idioma라고 해도 되
나?' 하고 줄곧 찜찜해했다. 영어의 idiom은 관용구, 숙어를 의미하기
때문이다. 영일 사전을 다시 찾아보니 idiom에도 '(어떤 민족·국민의)
언어'라는 의미가 떡하니 명기되어 있었다. 내가 그동안 '관용구, 숙어'
라는 뜻만 외우고 있었던 셈이다.

접속법 따위 두렵지 않다

수업 시간마다 선생님에게 거의 하루도 거르지 않고 하는 질문 두 가지가 있다. 이 두 문장은 어학원에 들어가자마자 배웠고 바로 머릿속에 집어넣었다. 철자나 문법은 모른 채 일단 발음만이었지만.

하나는 뜻을 모르는 단어가 나왔을 때 물어보는 의문문으로 모르는 단어를 손으로 가리키며 "케 시그니피카?"라고 한다.

또 선생님이나 수강생이 뜻을 모르는 단어를 말했을 때도 질문할 틈을 잘 비집고 들어가 그 단어를 따라 읊조리며 "케 시그니피카 ○○○?"라고 한다. "무슨 뜻인가요?", "○○○는 무슨 뜻인가요?"라는 말이다.

그럴 때마다 교사는 스페인어로 한참 뭐라고 설명하다가 나의 멍한 표정을 보고는 어쩔 수 없다는 듯이 영어로 대답해 준다.

또 하나의 의문문은 말하고 싶은 단어가 스페인어로 떠오르지 않을 때 쓰는 문장으로 "코모 세 디세 ○○○ 엔 에스파뇰?"이 있다. "○○○는 스페인어로 뭐라고 하나요?"라는 뜻으로 ○○○에 영어를 집어넣어 묻는다. 그러면 교사가 스페인어로 말해 준다.

앞의 문장을 스페인어로 적으면 "¿Qué significa ○○○?"
다. 뒤의 문장은 "¿Cómo se dice ○○○ en español?"이다.
significa는 significar(시그니피카르)라는 동사의, se dice는
decirse(데시르세)라는 동사의 3인칭 단수 현재 활용형인데 이
런 문법 사항과 철자는 한참 뒤에야 배웠다. 사실 문법과 철자
를 모른 채로 뜻을 억측하면서 외운 단어도 꽤 있다.

멕시코에서는 어디를 가든 사람들이 하는 대화를 엿들으려
고 애썼다. 물론 나는 스페인어 초급자여서 무슨 말을 하는지
거의 알아듣지 못했다. 그렇기에 아는 단어를, 또는 사람들이
많이 쓰는 단어를 붙잡고 싶어서 나도 모르게 온몸이 귀가 됐
다. 어떤 단어가 생활에 필요한지를 알려면 먼저 날마다 자주
듣는 단어를 잘 기억해 두는 편이 좋고, 그러려면 늘 귀를 쫑긋
세우고 있는 게 최고라고 분명 무의식중에도 느꼈던 듯하다.

게다가 온몸이 귀가 되어 길을 걷다 보면 제대로 알아듣지
못하더라도 거리에 자연스레 스며드는 듯해서 기분이 좋다.
거리에 익숙해지는 느낌이 든다.

예를 들어 어학원에서 돌아오는 길에 반드시 버스 정류장
앞을 지나치게 되는데 그곳에선 주로 여성들이 모여 큰 목소
리로 떠들고 있어서 특별히 귀를 기울이지 않아도 대화가 잘
들렸다. 계속 들려오는 단어 중에 하나가 '베르다'였다. 무슨

이야기를 하는지 정확히 알 수는 없지만 어쨌든 '베르다'가 끊임없이 튀어나왔다. 그것도 말끝을 올리면서.

"……베르다?"

"……베르다?"

그러고 보니 버스 정류장뿐만이 아니다. 가는 곳마다 "……베르다?"라는 말이 들린다. 마치 멕시코인의 대화는 "베르다?" 없이는 이루어질 수 없다는 양 여기저기서 튀어나온다.

이리저리 철자를 추측하며 사전을 뒤적거린 끝에 겨우 알아낸 단어가 'verdad'다. 끝의 'd'는 usted의 d처럼 묵음이어서 발음이 '베르다'가 된다. 본래 뜻은 '진실'이지만 사전에는 이런 설명도 있다.

"(부가 의문문에서) ……그렇죠(앞 문장이 부정문이든 긍정문이든 상관없이 쓰인다)."

즉, "그렇죠, 맞죠?"라는 정도의 의미로 가볍게 동의를 구하기 위한 말이다. 물론 여성뿐 아니라 남성도 정말 흔하게 쓴다.

또 하나 흔히 들을 수 있는 단어는 '만데'다. 만데도 문장 끝에서 끝을 올려 발음한다. 그런데 이 단어는 꼭 누군가가 말을 한 직후에 나온다. 예를 들어,

"……베르다?"

"만데?"

이런 식으로 곧바로 튀어나온다.

이 단어의 수수께끼를 한동안 풀지 못했다. 발음을 떠올리며 비슷한 말을 사전에서 뒤적거려 보았지만 찾을 수 없었다.

하지만 늘 몸짓과 함께 일상적으로 쓰였다. 대화를 듣고 있으면 의미를 유추할 수 있다. 만데는 늘 누군가가 말한 직후에 따라붙는 단어니까 아마도 맞는지 되묻는 확인문이지 않을까라고 추측했다. 나중에 메르세데스에게 "케 시그니피카 만데?"라고 물어봤다. 빙고! "지금 뭐라고 했어? 다시 말해 줘."라는 의미였다. 오직 멕시코에서만 쓰는 말로 스페인 등에서는 perdón(페르돈)이라고 하는 듯하다.

'만데'라는 단어를 사전에서는 찾을 수 없었는데 그도 그럴 것이 철자는 mande이지만 mandar(만다르)라는 동사가 변화한 형태이기 때문이다. 동사 활용에 7전 8패 하고 있는 스페인어 초급자이다 보니 mande가 동사라고는 생각지도 못했다.

그 밖에도 흔히 들리는 단어는 많지만 이 두 단어는 월등히 많이 쓴다. '베르다'는 동의를 구하고 '만데'는 되묻는다. 그렇군, 인간의 일상 대화 대부분은 동의를 구하는 일과 되묻는 일로 이루어지고 있군, 하고 새삼 감탄하며 뜻하지 않은 인류학적 발견에 우쭐해졌다. 멕시코인은 고집이 세고 남의 말을 잘 듣지 않는다고 하는데 전혀 아니다.

'만데'의 의미를 가르쳐 준 메르세데스는 스페인어에 관해서뿐만 아니라 실로 많은 것들을 가르쳐 주었는데 어느 날은 "과달라하라는 멕시코의 샌프란시스코라고 불려요."라는 말을 했다.

나는 "만데?"라고 되물었다.

"과달라하라는 멕시코의 샌프란시스코예요. 게이가 많아요. 게이 바에 갔다가 '앗, 아빠도 와 있네!' 하고 말할 정도로요."

"만데?"라고 또다시 묻는 나.

"게이가 정말 많아요. '앗, 아빠도 왔네!' 하는 농담도 있어요. 로코지요. 베르다?"

로코(loco)는 크레이지(crazy)와 같은 뜻으로, 이 단어 또한 만데나 베르다와 마찬가지로 흔히 쓴다.

"과달라하라는 미녀의 산지인데 말이죠."라고 메르세데스가 덧붙였는데, 사연인즉슨 마침 미스 유니버스가 발표된 직후였기 때문이다. 2010년 미스 유니버스는 멕시코 과달라하라 출신 히메나 나바레테(Jimena Navarrete)가 차지했다.

게이는 gay, 영어와 발음도 철자도 똑같다. 가이라고 발음하기도 한다.

쿠카가 내게 자주 하는 말이 있다. 아침에 어학원에 갈 때라든지 오후에 내가 외출하려고 할 때면 집 안에서 있는 힘껏 소리친다.

"케 테 바야 비엔!"

처음에는 알아듣지 못했는데 계속 반복해 듣다 보니 "케 테 바야 비엔!"이라고 말한다는 걸 알 수 있었다. 하지만 무슨 뜻인지는 도통 알 수가 없었다.

아무튼 이 말을 하는 상황으로 미루어 짐작컨대 "다녀와요!"라는 의미겠거니 추측했다. 아니면 "조심히 다녀요!"라든지.

이 단어라고 해야 할까, 문장이라고 해야 할까, 아무튼 케 테 바야 비엔이라는 말의 구조와 의미는 어학원에 다닌 지 한참 뒤에야 비로소 깨쳤다. 동사 변화형 중 가장 어려운 문법이라서 겁먹고 있던 접속법을 배울 때였다. 접속법도 메르세데스가 가르쳐 줬다. 수업 시간에 메르세데스가 이런 말을 했다.

"접속법이라고 겁낼 필요 없어요. 멕시코에서는 아무도 자신이 접속법을 쓴다는 생각을 안 하고 쓰니까요. 예를 들자면 '케 테 바야 비엔'이 그래요. 이 말 자주 듣지 않아요? '바야'가 접속법이에요. 하지만 이 말을 하는 사람은 접속법이라는 단어도 아마 모를걸요."

드디어 나왔다. 케 테 바야 비엔!

메르세데스의 설명에 따르면 "Deseo que te vaya bien."에서 deseo(데세오: 바라다)가 생략된 관용구로 vaya가 ir(이르: 가다)의 접속법 현재형이라고 한다. 의미는 "당신이 잘 가기를 바랍니다.", 즉 "잘 다녀오세요! 조심히!"라는 의미의 문장이다.

역시!

접속법 따위 두렵지 않다고 해야 할까? 문법 따위 겁낼 필요 없을지도 모른다는 생각이 든 순간이다. 문맥 속에서 말을 이해하는 일이 중요하다는 사실을 새삼 깨달았다. 문맥 속에서 이런 뜻이겠거니 추측한 말들이 꽤 많이 맞아떨어진다는 사실도 확인했다. 아이들은 이렇게 해서 문법도 철자도 모른 채 언어를 습득해 가는 게 아닐까?

물론 쿠카에게 "케 테 바야 비엔의 바야가 접속법이라는 거 알아요?"라고 묻는 실례를 범하는 일 따위는 하지 않았다. 생각해 보면 나 또한 "다녀오세요."라는 말을 문법적으로 설명할 수가 없으니까.

'다녀오겠습니다', '갈게요'라는 말은 Me voy(메 보이)다.

아보카도 '로' 말다, 튀김 '으로' 말다

길을 갈 때는 사람들의 대화를 들으려 귀를 쫑긋거릴 뿐 아니라 아는 단어가 있나 찾아보려 눈을 두리번거리기도 했다. 물론 모르는 단어가 태반이지만 모르는 단어라도 자주 보이는 단어는 생활에 꼭 필요한 단어일 가능성이 높기 때문에 각별히 주의해서 학습 목표로 삼기도 했다.

과달라하라에 도착하자마자 눈에 들어온 단어가 'estacio-namiento(주차장)'였다는 말을 앞에서도 했는데 이 단어는 정말 길을 걷는 내내 등장했다. 이와 마찬가지로 길에서 숱하게 마주하는 사이에 어느새 뜻을 알게 된 단어로 'se renta(세 렌타)'와 'se vende(세 벤데)'가 있다. se renta는 다세대주택 같은 건물에, se vende는 주차해 놓은 자동차에 붙은 팻말에 쓰여 있었다. "문법적으로 설명해 보시오."라고 묻는다면 묵묵부답, 입도 벙긋 못 할 동사지만(se가 어렵다) 뜻은 영어 단어에서 유추할 수 있다. se renta는 영어의 rent(빌리다)를, se vende는 vend(팔다)를 떠올리게 한다. 아마도 se renta는 '임대합니다', se vende는 '판매합니다'일 것이다. 스페인어와 영어는 비슷한 단어가 꽤 있어서 다행이지 싶다.

아니, 다행이지 싶을 때도 있다고 말하는 게 정확한 표현일까? 어찌 됐든 비슷하기도 하지만 그렇지 않은 기묘한 단어도 있는데 이를테면 영어의 station을 연상시키는 estación에는 '역'이라는 뜻도 있지만 '계절'이라는 뜻도 있다. 이렇게 비슷하다 해도 어딘가 다른 측면이 있어서 방심은 금물이다.

뜻하지 않은 발견에 혼자서 신이 난 적도 있다. 근처를 산책하다 멋진 저택 앞을 지나는데 그 집 문패에 이름과 함께 abogado라는 단어가 적혀 있었다. 아보가도?

멕시코 명물인 아보카도를 일본인은 옛날에(아마 지금도) 아보가도라고 불렀다(부른다). 그러니 갑자기 누군가의 집 문패에 쓰인 아보가도를 본 순간 "어?"하고 깜짝 놀랐다. 나중에 사전을 찾아보니 abogado는 '변호사'라는 뜻이었다. '숲속의 버터'라고도 불리는 이 담백한 과일을 "아보가도 맛있군."하고 발음했던(하는) 일본인은 "변호사 맛있군."하고 말했던(말하는) 셈이라는 생각에 혼자 키득거렸다.

타코 얘기를 할 때도 잠깐 언급했지만 아보카도(avocado)는 영어다. 스페인어로는 aguacate(아구아카테)라고 하는데 오늘날에는 이 멕시코 과일이 전 세계적으로 유명세를 얻고 있어 아보카도라고 말해도 뜻은 통한다. 어쩌면 아보가도(변호사)라고 해도 통할 듯하다. 시도해 보지는 않았지만 말이다.

영어와 비슷한 말로는 아보카도도 포함하는 fruta(프루타: 과일)가 있다. 영어의 fruit와 발음도 비슷하고 뜻도 똑같다. 한편 주의해야 하는 단어도 있는데, 이를테면 profesor(프로페소르)도 그중 하나다. 영어의 professor와 비슷하지만 뜻은 미묘하게 다르다. 영어로는 '대학교수'를 뜻하지만 스페인어로는 '교사' 일반을 가리키며 영어의 teacher에 해당한다. 또 하나 주목할 점은 철자다. profesor와 professor. s의 개수가 다르다. 메르세데스가 알려 줬는데 스페인어에는 ss가 들어가는 단어가 없다고 한다. 이건 정말 기쁜 소식이다. s인지 ss인지로 고민하지 않아도 되니까 단어 암기의 스트레스가 줄어든다. 스트레스도 영어는 stress이지만 스페인어로는 estrés다.

아보카도가 나왔으니 말인데 멕시코의 아보카도마키(일본어로 마키(巻き)는 말아 놓은 것을 뜻하는데 김 등으로 여러 재료를 말아서 만든 초밥을 일컫는다-옮긴이)는 참 우아하다.

아보카도초밥이라고 하면 지금은 캘리포니아롤이 널리 알려졌다. 위키피디아를 보면 캘리포니아롤이란 "게맛살(또는 데친 게의 다리 살), 아보카도, 마요네즈, 흰깨 등의 재료를 말아 놓은 김밥 또는 누드 김밥(밥이 바깥으로 나오도록 밥으로 김과 내용물을 마는 방식)을 말한다."라고 나와 있다. 가게에 따라 조금씩 차이는 있을지 모르지만 어느 가게든 대체로 이런 식으로 반드시 아보카도를 말고 있다. 즉 김이 바깥에 있든 안에 있든 여러 가지 내용물과 함께 아보카도를 마는 것이 캘리포니아롤이다.

과달라하라의 초밥은 지극히 현지화되어 있어서 일본의 초밥과는 많이 다를 것이라고 했던 메르세데스의 말이 생각나 일본 요리 전문 레스토랑을 찾았을 때 그 우아한 아보카도마키를 만났다. 메뉴에 '마키모노(makimono)'라는 항목이 있고 그 가운데에 아보카도마키가 있었다. 내가 떠올린 음식은 아보카도 김말이, 그러니까 캘리포니아롤 비슷한 거였는데 나온 음식은 김말이가 아니라 문자 그대로 아보카도 '말이'였다. 즉 아보카도 '를' 마는 것이 아니라 아보카도 '로' 말았다. 도대체 어떻게 말았는지 고개가 갸웃거려질 정도로 아보카도의 얇은 초록색이 우아하게 비치는, 그야말로 예술 작품 같은 마키모노였다. 감동했다. 이 가게만의 독창적인 메뉴인 줄 알았는데 나중에 칸쿤에 있는 일본 요리 레스토랑에서도 아보카도 '로'만 똑같이 우아한 아보카도마키를 만났다. 아마 멕시코식 아보카도마키의 독특한 스타일로 정착한 듯싶다.

'치즈마키'라는 것도 있는데 이 또한 치즈 '를' 마는 것이 아니라 크림치즈 '로' 말아서 겉이 새하얀 초밥이다.

그러다 '프라이마키'에 한 방 먹었다. 새우튀김 같은 튀김 종류를 말아 놓은 김말이일 거라고 상상하며 그런 걸 정말 먹을 수 있을지 걱정했는데 나온 음식은 문어, 새우, 아보카도, 치즈를 밥으로 말아 튀겨 낸 전혀 상상 밖의 음식이었다. 밥알은 마치 김을 대신하듯이 아주 엷은 갈색의 튀김옷 색깔을 띠었고 따끈따끈했다. 먹어 보니 튀긴 쌀밥 표면의 바삭한 식감도 살짝 느껴졌고 치즈도 완전히 녹아내리지 않아 치즈만의 부드러운 식감을 간직하고 있었다. 이 또한 말하자면 프라이 '를' 만 것이 아니라 프라이 '로' 만 것이라고 할 수 있다.

'오이마키'라는 것도 그 가게의 메뉴에 있었는데 이것도 분명 오이 '로' 만 것이리라. 어쨌든 메뉴에는 '갓파마키(밥 안에 오이를 넣고 김으로 말아 놓은 초밥-옮긴이)'가 별도로 있었으니까. 멕시코 초밥의 세계에서 '말다'라는 것은 '~을'이 아닌 '~로'를 의미하는 모양이다.

어떤 초밥이든 와사비는 별도로 나와서 와사비를 살짝 묻혀 salsa de soya(살사 데 소야: 간장 베이스 소스)를 찍어 먹었는데 식탁을 둘러보니 새까만 salsa가 든 병이 하나 더 있었다. 안을 들여다보니 검은 물체가 가득 들어 있는 간장이었다. 이 검게 변한 물체의 정체는 chile(칠레: 고추)였다. 치즈마키와 프라이마키에는 얼얼할 정도로 매운 이 salsa가 단연 잘 어울린다.

salsa는 스페인어로는 요리에 풍미를 더해 주는 여러 소스를 말한다. 한편 음악 장르 용어로 알려진 salsa는 영어라고 해야 할까, 스페인어에서 유래한 영어다. 『랜덤하우스 영일 사전』을 보면 '쿠바에서 기원한 재즈, 록, 소울 등의 요소를 도입한 라틴음악 또는 이에 맞춰 추는 맘보와 비슷한 춤'이라고 정의 내리고 있으며, 『리더스 영일 사전』은 '쿠바, 푸에르토리코에서 기원한 재즈, R&B, 록의 영향을 받은 음악 또는 그 곡에 맞춰 추는 춤'이라고 설명한다. 라틴 전통음악에 '여러 salsa(풍미)'를 더한 것이라는 의미로 1960년대 후반 무렵부터 뉴욕에서 쓰이기 시작한 것으로 보인다. 지금은 역수출되어 스페인어에서도 음악 용어로 쓰인다.

길을 걷노라면 일본어를 연상하게 하는 단어도 눈에 들어온다. 일본어인 경우도 있고 그렇지 않은 경우도 있는데 거의 매일이다시피 보는 단어 중에 일본어는 아니지만 일본어로 이해하면 아무래도 괴상망측한 뜻이 되는 단어가 있다.

이를테면 편의점 중에 그런 브랜드가 있다. 멕시코에도 편의점 같은 가게가 점점 많아지고 있고 일본에서 흔히 볼 수 있는 세븐일레븐도 곳곳에 있는데 가장 눈에 많이 띄는 것은 멕시코 독자 브랜드인 '○××○'라는 체인점이다. ○와 ×의 기호만으로 이루어져 있어서 처음에는 이상한 이름이다 싶었고 다들 어떻게 부르나 궁금했는데 곧 밝혀졌다.

"오쿠소."

기호를 조합해 놓은 게 아니라 'OXXO'라는 글자였다. 하지만 어떻게 이런 글자를 브랜드 명칭으로 썼는지 일본인인 나로서는 놀라울 따름이었다. 왜냐하면 '오, 쿠소'라니까(쿠소는 일본어로 '똥'을 뜻한다-옮긴이). 거리 곳곳에 '오, 똥'이라니 도대체가!

스페인어로는 어떤 특별한 뜻이 없는 것 같다. 하지만 일본어로는 말할 필요도 없이 그런 뜻이기 때문에 한동안은 찝찝한 기분으로 매일 간판을 바라봤다. 익숙해지자 아무렇지도 않았지만 익숙해진다는 것은 두려운 일이다.

'오, 똥' 안에도 있고, 날마다 반드시 어딘가에서 마주치게 되는, 일본어는 아니지만 일본어로 이해하면 왠지 이상한 뜻이 되는 또 하나의 단어가 'Bimbo'다. 이 단어는 다른 사람에게 물어보지 않고도 바로 읽을 수 있었다.

"빔보."

아마도 멕시코에서 가장 유명한 제과 제빵 브랜드인 듯하다. 축구 국제경기 때면 멕시코 국가 대표 선수들이 여러 기업 이름이 쓰인 유니폼을 입는데 Bimbo 로고도 종종 섞여 있다. 그 정도로 유명한 제과 브랜드이기 때문에 거리 곳곳에 제과점이 있다. 정말 많다. 여기도 빔보, 저기도 빔보, 빔보……, 빔보 천지다.

위키피디아를 보면 세계적인 제과 기업인 듯하다. 그런 기업의 이름이 '빈보(貧乏: 일본어로 '빈곤, 가난'을 뜻한다-옮긴이)'라니 도대체가!

참고로 bimbo는 영어로도 그리 좋은 뜻이 아니다. '아기'라는 뜻도 있기는 하지만 '멍청이', '얼간이', '바보' 등 나쁜 뜻으로 쓰인다. 축구 시합에서 Bimbo라고 쓰인 유니폼을 입은 선수를 본다면 미국인 등은 '뭐지, 저 사람들? 멍청이라고 광고하고 다니나?' 하고 생각하지 않을까?

정말로 일본어를 발견하는 일도 있다. 밤에 쿠카와 메라 몰래 테라스에서 슬쩍 맥주를 마실 때면 'karate'를 안주로 삼는다. 처음 karate를 만난 것은 어학연수 온 미국인 학생들과 함께 은광으로 번영을 누렸던 아름다운 고도(古都) 과나후아토로 버스 여행을 갔을 때다. 유학생을 인솔해 온 교사가 "이게 정말 일본의 맛이에요?"라고 물으며 봉지에 든 과자를 맛보라고 권했다. 봉지에는 'cacahuate japonés(카카우아테 하포네스: 일본식 땅콩)'라고 쓰여 있었다. 일종의 일본식 땅콩과자였는데 먹어 보니 꽤 맛있었다. "일본에선 옛날부터 이런 과자를 먹었어요. 맛도 거의 비슷하네요."라고 영어로 일단 대답은 했지만 "이런 이름이에요?"라고 물으니 난처해서 싱긋 웃고는 "이런 이름의 과자는 일본에는 없는 것 같아요."라고만 대답했다. 상품명이 karate(空手: 맨손을 사용하는 일본의 대표적인 무술-옮긴이)이고, 앞으로 쑥 내민 주먹 그림이 트레이드 마크였다.

하지만 그 뒤로 그 맛에 매료되어 '오, 똥'이나 마트에 갈 때면 karate를 사게 되었는데 그러면서 땅콩과자가 멕시코에서는 매우 인기 있는 과자라는 사실을 알게 되었다. 브랜드도 다양했고, 이런 종류의 과자 자체를 'japonés'라 부르기도 했다. 혹시나 해서 인터넷에 찾아봤더니 'japón', 'nipon', 'misaki' 등 일본을 연상시키는 단어를 과자 이름으로 쓴 유사 상품이 꽤 있었다. karate 말고는 대체로 게이샤 같은 일본 기녀의 그림이 봉지에 그려져 있었다.

하지만 왜 karate라고 이름 지었을까? 물론 가라테가 일본을 연상시키기 때문이겠지만 스페인어와 날마다 격투를 벌이다 보니 '카카우아테(땅콩)'라는 발음이 '가라테'라는 일본어를 떠오르게 한 것은 아닐까 유추해 보게 된다.

땅콩을 스페인의 스페인어로는 cacahuete(카카우에테)라고 쓴다. 멕시코에서는 cacahuate다. 이런 소소한 차이는 왜 생겨났을까?

어마어마한 노벨라의 세계

쿠카와 메라는 밤 10시가 되면 꼭 텔레비전 앞에 앉는다. 볼륨을 크게 해 놓고 보는 통에(귀가 어두워서 그러겠지) 2층 내 방까지 소리가 들려서 '그렇구나, 이제 10시구나.' 하고 시간을 짐작한다. 텔레비전 소리인가 싶었는데 텔레비전을 보다가 두 사람이 터뜨린 시끌벅적한 웃음소리일 때도 있다.

우기이든 건기이든 서머타임이든 윈터타임이든 변함이 없다. 윈터타임은 11월부터이고 1시간 앞당겨진다. 여름의 11시가 10시가 되는 것이다. 이런 변화 따위는 전혀 상관없이 두 사람은 밤 10시만 되면 텔레비전을 보고 그때마다 큰 소리로 웃는다.

냉난방 설비가 되어 있지 않은 집이라 겨울밤에는 꽤 싸늘했는데 그럼에도 밤 10시만 되면 두 사람은 텔레비전 앞에 앉았다. 두꺼운 옷을 단단히 껴입고는 담요 따위로 몸을 감싼 채마치 오뚝이 두 개가 소파에 앉아 있는 듯 무아지경이 되어 텔레비전에 빠져들었다.

도대체 무슨 프로그램을 보기에 그러는지 궁금해서 한번은 쿠카에게 물어봤다. 그러자 쿠카는 민망한 표정을 지으며 "노벨라."라고 대답했다. "시시한 걸 보고 있죠."라고 말하듯 수줍

게 웃으면서 말이다.

노벨라는 novela라고 쓰는데 'telenovela(텔레노벨라)'의 줄임말이다. 멕시코인이라면 누구나 좋아한다는 멜로드라마를 가리킨다. 프로그램 수도 어마어마해서 하루 종일 채널 어딘가에선 꼭 노벨라를 방영하고 있다. 노벨라만을 방영하는 전문 채널도 있는 듯하다. 영어의 novel을 연상케 하는 novela는 본래 '소설'이란 뜻이었고, 물론 지금도 소설이라는 뜻으로 쓰인다. 하지만 오늘날 멕시코에선 노벨라라고 하면 일반적으로 멜로드라마를 가리킨다.

과달라하라에 도착한 지 얼마 되지 않았을 때 멕시코 잡지 『TV y Novelas(테베 이 노벨라스: 티브이와 노벨라)』를 산 적이 있다. 그때는 노벨라에 관해서 어렴풋이 알고 있을 뿐이었는데 표지가 너무 화려해 표지만 보고도 남녀 배우의 가십 기사가 가득 실린 잡지임을 금방 알 수 있었다. '그렇군, 이것이 노벨라인가?' 하고 집어 들었다.

가끔씩 잡지를 스페인어 교재 삼아 읽어 봤다. 이유라고나 할까? 내가 기대한 것은 이런 것들이었다.

① 이런 종류의 잡지는 어느 나라든 기사가 짧아서 읽기 쉽다.

② 인터뷰가 많이 실려 있으니 생생한 구어체를 접할 수 있다.

③ 어려운 말이 쓰여 있지는 않을 테니 문법 등에 신경 쓰지

잡지(revista: 레비스타)『TV y Novelas(테베 이 노벨라스)』에는 노벨라에 관한 정보가 넘쳐 난다. 쓱 한번 넘겨보고 싶게 만드는 잡지다. 일본에서 '아침 드라마'를 일컫는 '아사 도라(朝ドラ)'의 정식 명칭은 '연속 텔레비전 소설'이다. 설마 멕시코의 텔레비전 소설(telenovela)이란 단어에서 유래한 것은 아니겠지?

않고 읽을 수 있다.

④ 사전을 뒤적이며 읽다 보면 대충 이해할 수 있다.

⑤ 가끔씩 나오는 여배우의 요염한 사진은 덤이고!

하지만 노벨라 자체를 보지 않고 노벨라에 관한 가십만을 읽는 것은 아무리 내가 가십을 좋아한다 하더라도 상상력과 끈기를 요하는 일이어서 '오, 이 정도는 무슨 말인지 알겠는데!' 하고 좋아한 순간도 몇 번 있지만 곧 포기하고 말았다. 잡지를 활용한 자율 학습에서 확실하게 배운 단어는 'miedo(미에도: 두려움)' 정도다. 실로 많은 여배우가 노벨라에 출연하는 일에 대한 불안을 이 단어로 표명했다(고 보인다). 'tengo miedo(텐고 미에도: 저 무서워요)'라고.

여름인 9월 16일 독립 기념일(1810년 9월 16일은 멕시코가 스페인의 지배에 저항해 독립 전쟁을 일으킨 날로, 멕시코는 이날을 독립 기념일로 삼고 있다-옮긴이)에 푸에르토바야르타(Puerto Vallarta)에 갔다. 과달라하라에서 그리 멀지 않은(버스로 5시간인) 해양 휴양도시다. 날마다 스페인어로 고통받는 뇌를 바닷물에 담가 조금이나마 쉬게 해 주려는 마음도 있었다. 하지만 버스가 정체됐다. 겨우 도착해서 택시를 타고 호텔로 향하는데 운전기사가 멕시코에 뭐 하러 왔는지 물었다.

"스페인어를 배우러 왔어요."

"그렇군요. 가장 쉬운 공부법을 알려 줄까요?"

"제발!"

"노벨라예요. 노벨라가 스페인어 공부에 가장 좋아요."

운전기사는 노벨라가 스페인어 공부에 좋은 여러 가지 이유를 말해 주었지만 내가 분명히 알아들을 수 있었던 말은 몇 번이나 반복된 'fácil(파실: 간단)'이라는 단어 정도였다. 말하자면 노벨라는 스토리가 단순하며 쓰는 단어도 몇 안 되기 때문에 스페인어 공부에 유용하다고 말하는 듯했다. 대중의 사랑을 받는 멜로드라마인 만큼 스토리가 복잡할 리 없다. 어려운 단어가 쓰일 리도 없다. 운전기사가 말한 대로 노벨라는 스페인어 학습에 최적화된 교재일지도 모르니 텔레비전을 살까, 하고 한순간 진지하게 고민했다.

'어렵다'는 difícil(디피실). 영어의 difficult와 비슷하지만 f가 하나다. 스페인어 단어에 ss가 없다고 앞에서도 말했는데 ff도 없지 않을까? 이런 면에서 보면 영어란 녀석은 쓸데없는 것이 많아서 정말 성가시다.

스페인어를 배운 지 3주 된 사람을 위한 노벨라라고 칭송받는 노벨라가 있다. 미국에서 모터사이클을 타고 멕시코에 온 김에 스페인어 공부나 좀 해 볼까 한다던 조슈아가 학원 쉬는 시간에 스마트폰으로 이상한 드라마가 있다며, 한번 보면 포복절도하게 되는 이 노벨라의 존재를 모두에게 알려 줬다.

음소거를 하고 봐도 대체로 어떤 내용인지 스토리 전개가 상상이 되는데, 바람둥이 여자를 자신의 여인으로 만들기 위해 몇 명의 남자가 서로 다투는 내용이다. 남자들이 여자 방에서 줄줄이 마주치게 되는 단막극이다.

그런데 소리를 키우고 보니 배우들이 사랑을 둘러싼 싸움과는 거리가 먼, 한심하다 싶을 정도로 바보 같은 대사를 내뱉는다. 오직 스페인어 초급자가 배우는 말과 문장만을 되풀이할 뿐이었다. 그러니 '스페인어를 배운 지 3주 된 사람을 위한 노벨라'인 셈이지만 드라마 내용과 대사가 너무 딴판이라 정말 어처구니가 없다.

노벨라 제목은 「¿Qué Hora Es?(케 오라 에스: 몇 시?)」인데 이 문장은 초급반 초반에 배운다. 또한 대사에 등장하는 숫자와 요일도, 장소를 묻는 질문도, 이름을 묻고 답하는 방식도 초급반에서 배우는 스페인어다.

이 노벨라는 이렇게 시작한다.

아름답게 꾸며 놓은 방 한가운데에 긴 머리의 미녀가 황홀한 표정을 지은 채 자신의 머리를 매만지며 서 있다. 마치 연인과의 밀회를 떠올리는 듯하다.

그때 문을 열고 남자 A가 들어온다. 남자 A는 여자의 모습에 깜짝 놀란 듯 눈이 휘둥그레진다. 그리고 마음을 정했다는 듯이 비장하게 말한다.

남자 A ¿Qué hora es?(케 오라 에스: 몇 시?)

여자 (깜짝 놀라 돌아보며) Ocho(오초: 8시).

남자 A는 여자를 끌어안으며 의심스런 눈초리로 묻는다.

남자 A ¿Dónde está la biblioteca?(돈데 에스타 라 비블리오테카: 도서관은 어디지?)

여자 (팩 토라진 표정으로) Yo no sé, yo no sé(요 노 세, 요 노 세: 몰라, 몰라).

남자 A는 여자를 소파로 밀어뜨리고 쓰러진 여자 위에 올라타 비난하듯이 말한다.

남자 A Lunes(루네스: 월요일).

여자 (무심한 듯 말을 흘리며) Martes(마르테스: 화요일).

남자 A (여자의 턱을 어루만지면서 사랑스럽다는 듯이) Miércoles(미에르콜레스: 수요일).

여자 (미안하다는 듯이) Jueves(후에베스: 목요일).

남자 A (무척 감격스럽다는 듯이) ¡Feliz Navidad!(펠리스 나비다: 메리 크리스마스!)

남자는 여자에게 열렬히 키스한다. 그때 또 다른 문이 열리며 남자 B가 들어오고 두 사람이 키스하는 모습에 깜짝 놀라 두 사람을 노려본다. 그리고

화가 나 소리친다.

남자 B ¿Qué hora es?(케 오라 에스: 몇 시?)

키스하던 남자 A와 여자는 어리둥절한 표정으로 일어선다. 여자는 구겨진 치마를 정돈하며 남자 B의 이름을 부른다.

남자 B (분노에 찬 표정으로 두 사람에게 다가와서) Me llamo Derek. Dos Coca Colas(메 야모 데렉. 도스 코카 콜라스: 나는 데렉이다. 코카콜라 2병).

그러자 남자 A가 잠시 뜸을 들이더니

남자 A Una cerveza para mí(우나 세르베사 파라 미: 나는 맥주 한 병).

그리고 돌아서면서 남자 B의 뺨을 주먹으로 친다. 여자가 두 남자 사이에 서서 애원하듯이 말한다.

여자 Hay muchos tacos en México(아이 무초스 타코스 엔 메시코: 멕시코에는 타코가 많다).

그때 또 다른 남자가 "케 오라 에스?"라고 말하며 등장하고 남자 세 명이서 기초적인 스페인어를 열정적으로 쏟아 내며 티격태격한다. 그때 또 한 남자가 등장하는데 이번에는 무척이나 유창한 스페인어로 말을 한다. 스페인어 초급자는 도저히 알아들을 수 없는 스페인어다. 기초적인 문장으로 티격태격 싸우던 세 남자는 "무슨 소리지?" 하고 황당해하다가 다시 "케 오라 에스?"라며 절규한다. 그러자 스페인어를 유창하게 구사하던 남자가 "Ustedes no hablan español(우스테데스 노 아블란 에스파뇰: 너희들 스페인어를 못하는군)."이라고 말하며 비웃고는 마지막 일격을 가하듯 "케 오라

에스."라고 말한다. 그리고 막이 내린다.

상황에 어울리지 않는 엉뚱한 말들을 아주 진지하게 나누는 장면이 난센스인 부조리극이라서 웃음이 터지고 만다. 노벨라는 이처럼 단순한 이야기를 과장된 몸짓으로 재밌고 극적으로 보여 주는 것이라는 사실을 빈정거림 가득 담아 가르쳐 주고 있다.

모든 노벨라가 이렇듯 초급자용 단어로 구성되어 있는 것 같지는 않지만 노벨라는 스페인어 공부에 안성맞춤일지도 모른다는 생각을 하게 만드는 노벨라(의 패러디)이기는 하다. 유튜브 조회 수가 100만 회가 넘는 이유를 알 듯도 하다. 'qué hora es', 'novela'라고 치면 바로 나오니 스페인어 초급자라면 노벨라의 세계를 즐겨 보기 바란다.

금요일은 viernes(비에르네스). 토요일은 sábado(사바도). 일요일은 domingo(도밍고). 요일, 월도 영어와 달리 소문자로 시작하는 점이 신선하다. 프랑스어도 요일과 월은 소문자로 시작하는데 왜 영어는 굳이 대문자로 강조하며 시작하는지 새삼 궁금하다.

텔레노벨라의 역사는 깊다.

"1952년부터 1955년에 걸쳐 텔레비센트로(지금의 텔레비사: 멕시코, 스페인어권 최대의 방송국)가 방영한「거리의 천사」를 텔레노벨라의 시초로 보며, 텔레비센트로가 1958년부터 방영한「금단의 길」을 오늘날 텔레노벨라의 정형이라고 본다. 이스토리에타 또는 포토노벨라라고 불리는 성인 만화와 함께 텔레노벨라는 대중적인 인기를 누리고 있다. 2003년에 텔레비사가 방영한 '거짓말쟁이 아내와 폭력 남편이 서로 욕설을 퍼부으며 싸움을 반복하다 결국에는 진정한 사랑을 찾아간다'는 줄거리의「진실한 사랑」은 34.3포인트라는 높은 시청률을 기록했다."(쿠니모토 이요 편집, 『현대 멕시코를 알기 위한 60장』)

과달라하라에서 지내던 2010년에 그곳에서 해마다 열리는 국제 도서전에 간 적이 있는데 사회언어학자인 움베르토 로페스 모랄레스(Humberto López Morales)가 이날 기조 강연에서 텔레노벨라를 높이 치켜세우며 다음과 같은 말을 했다고 한다. 나야 뭐 듣지도 못했고 들을 능력도 안 됐지만.

"세계적으로 높은 인기를 얻고 있는 텔레노벨라는 예술성은 둘째 치더라도 스페인어 보급에 크게 공헌하고 있다. 안방에 앉아 멕시코, 베네수엘라, 콜롬비아 특유의 어투, 문화, 생활양식을 접할 수 있다. 텔레노벨라가 전 세계적으로 방영되면서 스페인어의 세계화가 이루어지고 있다."(앞의 책)

스페인어 공부에 노벨라는 역시 좋은 동반자일까?

텔레비사(Televisa)는 멕시코 최대의 텔레비전 방송국이다. 이스토리에
타는 historieta, 포토노벨라는 fotonovela라고 쓴다.

"스페인어 공부에 노벨라가 도움이 될까요?"

과달라하라에서 돌아온 지 6년쯤 흐른 뒤 이번에는 멕시코 오악사카로 잠시 어학연수를 떠났다. 당시 학원 선생님인 후안에게 이 질문을 했다. 후안은 곰곰이 생각해 보더니 이렇게 대답했다.

"음, 노벨라를 보는 것보다는 노래를 듣는 편이 나아요."

그러고 보니 과달라하라에서 지낼 때 멕시코 노래를 자주 들었다. 스페인어 공부를 위해서라기보다 멕시코에 있다는 기분을 내고 싶은 마음에서였다. 푸에르토바야르타의 택시 운전기사에게서 노벨라가 스페인어 공부에는 최고라는 말을 들은 뒤로도 결국 텔레비전은 사지 않았지만 휴대용 소형 라디오는 꽤 일찌감치 장만했다. 밤에는 테라스에 나가 돼지 껍질 튀김인 치차론과 땅콩과자 가라테를 안주 삼아 맥주를 마시면서 멕시코 라디오 FM을 듣곤 했다. 무슨 말을 하는지 알아듣지는 못하지만 단어의 강약 발음과 띄어 읽기 등 말의 리듬은 익힐 수 있을 테니까. '일단 소리를 흡수하는 거야.' 하고 나도 모르게 스스로를 채근했던 듯싶다. 어린아이도 말문이 트이기 전까지는 그저 주위에서 들리는 말에 귀를 기울이고 있을 뿐이지 않을까 생각하면서 말이다. 가끔씩 아는 단어가 나오면 '오!' 하고 기분이 좋아지고, 계속 반복되는 구절 비슷한 것이 들리면 뜻도 모르면서 이 문장은 자주 쓰는 유용한 구문일지 모른다고 추측했다.

라디오에서는 노래도 자주 흘러나왔다. 미국의 록 음악을 틀어 주는 채널도 물론 있었지만 내가 라디오를 듣는 이유는 멕시코에 있다는 기분을 내기 위해서였으니 멕시코 음악을 틀어 주는 채널을 일부러 찾아 들었다.

Nivel 3(트레스) 수업 때였던 것 같다. 어학원에서 멕시코 노래 중에 널리 알려진 「시엘리토 린도」를 배워서 모두 같이 부른 적이 있었다. 초등학교 때 일본에서도 인기 있던 트리오 로스 판초스(Trio Los Panchos)가 자주 불렀던 노래라서 귀에 익은 잘 아는 곡이었지만 과달라하라에서 이 노래를 다시 부르면서 얻은 최대의 수확은 드디어 '남해의 정열' 수수께끼가 풀렸다는 것이다.

알고 나면 일종의 「다모리구락부」의 '소라미미 아워'와 비슷한데 「시엘리토 린도」라고 하면 '남해의 정열'이 떠오를 정도로 나한테는 이 소절이 가장 강렬한 인상으로 남았다. 노래 맨 첫 소절에서 크고 묵직한 목소리가 터져 나오는 순간 단번에 압도되고 말았다.

"아이, 아이, 아이, 난카이 노 조네츠(南海の情熱: 일본어로 '남해의 정열'이라는 뜻-옮긴이)."

멕시코는 일본에서 보자면 남쪽에 위치해 있고 트리오 로스 판초스의 스타일(솜브레로(가운데가 높고 챙이 넓은 멕시코 전통 모자-옮긴이)를 쓰고 판초(남미 안데스 지방의 전통 의상으로, 중남미 일대의 인디언들이 입던 옷에서 유래한 망토 모양의 옷-옮긴이)를 입고 기타를 연주하는)과 노래하는 목소리에도 정열이 가득 묻어 있었으니 초등학생인 나로서는 노랫말이 스페인어라는 사실을 잊고 이 부분을 '남해의 정열'이라고 알아들었다. 그 뒤로도 스페인어이니까 분명 다른 뜻일 거라는 사실을 알면서도 굳이 확인해 보지는 않아서 어린 시절의 기억이 그대로 굳어 있었다. 하지만 트리오 로스 판초스는 본래 이렇게 노래했다고 해야 할까? 노래 가사는 사실 이랬다.

"Ay, Ay, Ay, canta y no llores(아이, 아이, 아이, 노래해요, 울지 말고)."

발음은 '칸타 이 노 요레스'다. '난카이 노 조네츠'라고 듣는 것도 무리는 아니지 않느냐고, 당시 초등학생이었던 나를 변론하고 싶다.

'시엘리토 린도'는 Cielito Lindo라고 쓴다. cielito는 cielo(시엘로: 하늘, 연인)의 어미에 지소사(指小辭) to가 붙은 단어다. o가 i로 변한 이유는 발음하기 쉽기 때문일 듯하다. 지소사란 단어의 어미에 붙어 본래보다 '작은', '사랑스런' 의미를 부가하는 접사를 일컫는다. 영어에서도 지소사인 et를 붙여 kitchen보다 작은 kitchenet이라고 한다든지 book보다 작은 booklet이라고 하기도 한다. l이 들어간 것도 발음하기 쉽기 때문이다. lindo는 '예쁜'이라는 뜻. 지소사가 들어간 단어 중 가장 흔히 쓰는 말이 poquito(포키토: 조금)다. poco(포코: 조금)에 지소사 to가 붙었다. pocito라고 하면 포시토라고 발음되기 때문에 qui로 바뀐다. 식사할 때 메라는 포키토라고 말하며 종종 더 달라고 했다.

그런데 이 '남해의 정열' 문장을 살펴보면 명령문으로 이루어져 있다. '노래해요'는 긍정 명령이고 '울지 말고'는 부정 명령이다.

명령문!

아, 명령문 앞에서는 울 수밖에 없었고, 사실은 지금도 울고 있다. 울지 말라고 노래하지만 울 수밖에 없다. 동사의 명령형 변화는 아직도 헤매고 있는 부분으로, 계속 틀린다.

「시엘리토 린도」노래를 배운 게 Nivel 3 수업 때였는데 "멕시코 노래 하나쯤 불러 볼까요?" 하는 식의 가벼운 분위기였다. 메르세데스는 노랫말의 뜻을 대강 설명하고 '남해의 정열' 부분도 "여기는 명령형이지만 명령형은 Nivel 5(신코)에서 배우니까 넘어가죠." 하고 말하며 간단히 마쳤다. 나도 제대로 듣지 않았다. 영어는 정중한 명령 표현, 즉 부탁하는 말일 때에는 조금 더 정제된 표현을 쓰기도 하지만 기본적인 명령형은 그리 어렵지 않다. 긍정 명령이면 동사의 원형을, 부정 명령이면 거기에 Don't를 붙이기만 하면 끝이기 때문에 스페인어의 명령형도 별 차이가 없겠거니 싶어 흘려들었다.

그런데 너무도 안일한 생각이었다. Nivel 5에서 접한 명령형은 영어처럼 간단하지 않았고 꽤 복잡했으며 동사 원형만 말하면 끝나는 식이 결코 아니었다. 명령하는 또는 부탁하는 상대방이 누구인가에 따라, 또 긍정 명령인지 부정 명령인지에 따라 동사를 변화시켜야 하는데 내 머리가 이런 복잡한 동사 변화를 좀처럼 따라가지 못했다.

그럼에도 명령형을 가르치는 카르멘의 수업 방식은 무척 흥미로웠다.

Nivel 5 수업은 내가 지금까지 들었던 수업 중에서 학생 수가 가장 많았는데 열두 명이나 됐다. 독일인 두 명, 영국인 두 명, 프랑스인 한 명, 오스트리아인 한 명, 미국인 두 명, 한국인 한 명, 그리고 일본인은 츠요시, 에미코, 나, 이렇게 세 명이다. 전 세계 다양한 국가가 섞여 있는데 유럽 쪽이 절반을 차지하고 있는 점, 여성이 압도적으로 많은 점이 단연 두드러진다. 남자는 영국인 한 명과 다시 모습을 나타낸 한국인 김, 그리고 츠요시와 나, 이렇게 네 명뿐이었다.

유럽인이라면 스페인에서 스페인어를 배우면 될 텐데 왜 굳이 멕시코까지 왔을까? 일본인인 에미코가 불쑥 이런 질문을 했는데 모두 제 나름의 이유가 있었다.

영국인 남자는 철학 전공으로 "장차 옥스퍼드대학교 교수가 되고 싶다."라고 자기소개를 했는데 애인이 멕시코인이었다. 독일인 두 여성 중 한 사람도 애인이 멕시코인이었다. 프랑스인 여성은 남편이 멕시코인이었다. 오스트리아인 여성은 건축 전공으로 멕시코 건축가인 루이스 바라간(Luis Barragán)의 작품을 보고 싶어서 바라간의 출신지인 과달라하라에 왔다고 한다.

그러고 보니 애인이 멕시코인이어서 스페인어를 배우러 멕시코에 왔다는 사람은 유럽뿐만 아니라, 또 이 수업을 듣는 학생들뿐만 아니라 미국인 가운데에도 많았다. 그 덕분에 내가 일찍 기억할 수 있었던 단어 가운데 하나도 novio(노비오)와 novia(노비아)다. 두 단어 모두 '연인'이라는 뜻으로 남자일 때는 어미가 o, 여자일 때는 a다. 명사, 형용사 모두 o와 a로 남성과 여성을 구별하는 스페인어의 원칙이 이 단어에도 그대로 적용된다.

연령대별로 보자면 물론 내가 가장 고령이고 한국인 김이

50대, 멕시코인 남편이 있는 프랑스인이 30대 초반(아마도), 나머지는 모두 20대였다.

아무튼 학생 수가 이 정도 되면 스페인어 실력도 천차만별이고 나처럼 어학원 측의 관대한 조치로 자동 진급한 경우도 있기 때문에 교사는 어디에 기준을 두고 수업을 진행해야 할지 학생들의 평균 수준을 파악하지 못해 힘들어했다. 실제로 장차 옥스퍼드대학교 교수가 꿈이라는 철학 전공 영국 청년은 스페인어가 무척 뛰어나서 처음에는 수업을 이끌어 가는 역할을 부여받았지만 수업이 뭔가 미흡하다고 느꼈는지 상급반으로 옮겨 갔다.

카르멘은 학생들 간의 친목을 도모하기 위해서이기도 했겠지만 늘 준비운동 하듯 게임을 하면서 수업을 시작했다. 특히 끝말잇기를 자주 했다. 목적은 물론 어휘를 늘리기 위함이다. 두 팀으로 나눠서 정해진 시간에 얼마나 많은 단어를 말하는지 경쟁한다. 내가 속한 팀은 내가 늘 팀의 발목을 잡아서 좀처럼 이기지 못했다. "Lo siento(로 시엔토: 죄송합니다)."라는 말은 이때 완벽하게 익혔다.

명령형을 가르칠 때도 카르멘은 한차례 설명을 마치고 나더니 게임을 하자고 했다. 역시 두 팀으로 나누고 각 팀의 대표를 뽑는다. 먼저 한 팀의 대표가 단상에 올라서고 다른 팀이 명령을 한다.

"오른손 들어."

"왼손 머리에."

"울어."

이렇게 단독 명령부터 시작하니까 단상에 올라간 사람도 대체로 어려움 없이 명령을 수행한다. 그런데 갑자기 난이도가 높아진다.

"오른 다리 들어. 왼쪽 어깨에 오른손 얹어. 웃어. 왼손으로 노트를 잡아."

이런 식으로 복합 명령으로 바뀐다. 단상에 선 대표는 순순히 명령에 따라 오른쪽 다리를 들고, 왼쪽 어깨에 오른손을 얹고, 웃고, 왼손으로 노트를 잡는다. 어릴 적 하던 트위스터 게임(Twister Game: 회전판을 돌려 바늘이 가리키는 대로 게임 판에 손과 발을 하나씩 올려놓는 방식의 게임으로, 진행하다 보면 이상한 포즈를 취하게 되기도 하고 몸이 꼬이게 되기도 해서 트위스터라는 이름이 붙었다-옮긴이)이 생각나 반가운 마음이 들었는데 나중에는 정말이지 독특한 인간 조각상이 생겨난다. 하지만 명령은 계속된다.

"노트를 머리 위에 두고 웃지 말고 'hola(올라: 야)'라고 말해."

이때 인간 조각상이 비틀거리면 명령을 받는 팀이 지게 된다.

비틀거리게 만드는 일이 명령을 내리는 팀의 목표인 셈이다.

하지만 잘못된 명령문을 만들면 바로 카르멘이 끼어들어 바로잡아 주는데 그러면 명령을 내린 팀이 지게 된다. 특히 "웃지 마."와 같은 부정 명령문에 모두들 걸려들었다. 기계적으로 no를 붙인다고 되는 게 아니어서 틀리기 쉽다.

카르멘은 "지금 말한 부정 명령을 바르게 고치면 이렇게 돼요."라고 칠판에 적어 주면서 "긍정 명령과 부정 명령에서 이루어지는 동사 변화가 달라요."라고 설명을 덧붙인다.

다양한 국가에서 온 학생들 간의 친목도 다지면서 온몸으로 명령형을 배운 시간이었다. 정말 훌륭한 교수법이다.

Lo siento의 문법적 설명은 (제대로 설명할 능력이 없기에) 생략하겠다. 이 말은 사과할 때 쓴다. 수업에 지각했을 때라든지 등. 영어의 'I'm sorry.'에 해당한다. 한편 수업 중에 화장실에 가고 싶을 때에는 "Con permiso(콘 페르미소)."라고 말하며 자리에서 일어난다. "잠깐 실례하겠습니다."라는 뜻이다. 영어의 'Excuse me.'에 해당한다. Con permiso는 Nivel 1 초반에 수업 중에 지켜야 할 예의범절의 하나라면서 메르세데스가 가르쳐 주었다.

노래를 듣는 게 스페인어 공부에 도움이 될 거라고 말한 오악사카 어학원의 교사 후안이 도움이 될 만한 노래를 몇 곡 추천해 주었다. 지금이야 고맙게도 유튜브 등의 사이트가 있어 인터넷만 되면 어디서든 쉽게 노래를 들을 수 있으니 일단 한 번 들어는 봤는데 유감스럽게도 어떤 곡도 내 능력으로는 이해 불가능했다. 하지만 몇몇 알아들을 수 있는 단어가 있어서 수차례 반복해 듣다 보면 단어가 하나, 둘, 셋, 그리고 드디어 문장을 이해할 수 있게 되겠지(라고 기대한다).

과달라하라에서는 집에서 걸어갈 수 있는 그리 멀지 않은 곳에 CD(세데)와 DVD(데베데)를 파는 대형 매장이 있어 자주 갔는데 그곳에서 처음 산 CD가 릴라 다운스(Lila Downs)의 「La Cantina(라 칸티나: 술집)」였다. 멕시코에서 지내는 동안 무척 많은 도움을 받은 두꺼운 여행 가이드북 『론리플래닛』 멕시코판에서 존재를 알게 된 멕시코 가수로, 유튜브에서 찾아 들어도 됐지만 쿠카와 메라의 집에는 인터넷이 연결되어 있지 않아서 그냥 CD를 구입했다.

처음 들었을 때부터 곡들이 너무 좋아 내내 반복해 들었는데 그러다 보니 알아들을 수 있는 단어 수가 늘어났다(늘어난 듯한 기분이 들었다). 릴라 다운스는 오악사카 출신으로 어머니는 멕시코인, 아버지는 미국인이다. 오랫동안 미국에 살다가 멕시코로 돌아왔다. 첫 곡 「La Cumbia del Mole(라 쿰비아 델

몰레: 몰레의 쿰비아)」는 처음 듣는 순간 바로 빠져들고 말았다. cumbia(쿰비아)는 음악 장르를 가리키는 명칭이다. 오이시 하지메(大石始)가 정리한 글을 참고해 보자.

"중남미 일대에서 들을 수 있는 음악 중에 쿰비아라는 게 있다. 쿰비아의 특징은 단순하고 촌스러운 2박자 비트다. 단조롭지만 계속 듣다 보면 묘한 중독성이 생기는 비트다. 중남미 스페인어권 국가에서는 쿰비아가 매우 인기 있으며 레게톤, 메렝게, 살사와 마찬가지로 어딜 가나 쿰비아를 들을 수 있다."(『CD Journal』웹 사이트)

mole(몰레)는 멕시코의 요리 이름인데 마다 준코의 설명을 들어 보자.

"고기를 고아 만든 소스. 정성껏 갈아 넣은 여러 가지 재료들, 이를테면 칠레(고추), 향신료, 나무 열매, 초콜릿 등 생각지도 못한 재료들이 들어가 있다. 재료의 강렬한 개성이 맞부딪히고 서로 섞인다. 모든 재료의 개성이 살아 있는, 농밀하면서도 신비스런 맛이다. 한번 먹으면 그 매력에 푹 빠지고 만다. 그 맛은 바로 다름 아닌 멕시코 자체다."(마다 준코, 『몰레의 나라 멕시코』)

릴라 다운스는 쿰비아의 리듬으로 몰레를 노래한다. "오악사카에서는 커피를 메스칼과 함께 마신대."로 시작해 "나는 몰레가 좋아."로 이어지고 나중에는 몰레를 만드는 방법을 노래한다. 마다 준코의 설명처럼 몰레는 여러 가지 재료를 정성껏 갈아 넣는 일이 생명이므로 다운스의 노래에서도 "se muele(세 무엘레: 갈다, 빻다)"가 반복된다. 땅콩을 갈고 빵을 갈고 아몬드를 빻고 칠레를 갈고 소금을 빻고 초콜릿을 갈고 시나몬을 빻고 후추를 갈고 클로브(clove: 정향)를 간다. 평소에 '갈다'라는 스페인어 단어를 접할 일이 있을까 싶은데 이렇게까지 되풀이되니 귀에 꽂혀 '세 무엘레'가 도대체 뭔지 궁금해졌다.

유튜브에서 이 노래를 찾아봤더니 과연 부단히도 리드미컬하게 다양한 재료를 갈면서 요리하는 모습이 이어진다. 오악사카에서 홈스테이 할 때 집주인 마리아에게 이 영상을 보여 줬더니 자랑스럽다는 듯이 출연자가 오악사카에서는 매우 유명한 cocinera(코시네라: 요리사)라고 알려 줬다. 마리아도 사실은 솜씨가 뛰어난 코시네라로, 매일이다시피 오악사카를 대표하는 요리를 선보여 주어서 늘 맛있게 먹었다. 마리아는 "몰레는 종류가 일곱 가지예요."라고 가르쳐 줬고 개중 하나인 negro(네그로: 검정)는 직접 만들어 주기도 했다. 다른 여섯 가지 몰레의 명칭도 색에서 이름을 따왔는데 재료에 따라 미묘하게 색깔이 변하기 때문에 그렇게 구별하는 듯싶다. 오악사카의 레스토랑에서 다른 몰레, rojo(로호: 빨강)와 amarillo(아마리요: 노랑)도 맛봤다.

오악사카에서 커피를 메스칼과 함께 마신다는 가사는 듣고 바로 알아들었다. "나는 몰레가 좋아."라는 부분도 듣고 바로 알았다. Nivel 2 수준이면 알 수 있는 또는 짐작할 수 있는 문장이다. 그때는 아직 후안을 만나기 전이었지만 노래를 듣는 게 스페인어 공부에 도움이 될 수도 있겠다고 혼자 막연히 생각했었다. mezcal(메스칼)은 tequila(테킬라)와 마찬가지로 agave(아가베: 용설란)로 만든 술이다. 테킬라는 한 종류의 아가베로 만들지만 메스칼은 여러 종류의 아가베로 만든다. 오악사카의 명물이다.

'나는 ○○가 좋아.'라고 말할 때의 'Me gusta(메 구스타) ○○.'는 영어의 'I like ○○.'에 해당하며 매우 중요한 구문이다. 'Te gusta(테 구스타) ○○.'라고 하면 'You like ○○.'라는 뜻이다. 쿠카는 맛난 음식을 만들 때면 가끔 내게 "¿Te gusta?"라고 물었다. "마음에 들어요?"라는 의미다. ○○를 넣지 않아도 된다. 내 대답은 물론 "Sí, sí(씨, 씨: 네, 네)."다.

가을에 찾아오는 '죽은 자들의 날'

여름인 우기에는 전날 밤의 폭풍우로 우수수 떨어진 나뭇잎이 한낮의 강렬한 햇볕에 금세 바싹 말라 오후 무렵이면 거리 곳곳에 낙엽 산이 생겨나곤 했다. 그래서 과달라하라에서는 하루에도 계절이 두세 번씩 바뀌는구나 하고 날마다 감탄하곤 했다. 그런데 가을이 지나고 겨울이 가까워지자 진짜 가을 낙엽으로 이루어진 낙엽 산뿐 아니라 나무 가득 거대한 보랏빛 꽃을 풍성하게 피우는 부겐빌레아(Bougainvillea) 거목이 큼직한 꽃들을 시도 때도 없이 툭툭 떨어뜨려 아주 멋진 꽃 산이 생겨났다.

꽃처럼 보이는 부분은 사실 꽃턱잎인데 어딜 보나 꽃으로밖에 보이지 않을 정도로 화려하기 그지없다. 떨어진 바로 그 순간이 가장 생기롭고 아름다운데 건기가 되어 겨울이 가까워져도 한낮의 강렬한 햇살만은 우기와 다르지 않아 금세 바싹 말라 버린다. 여름인 우기 때도 가짜 가을 낙엽을 밟으며 걷는 일이 큰 즐거움이었는데 진짜 가을 낙엽과 함께 바싹 마른 보랏빛 꽃 산을 밟으며 걷노라면 발밑에서 들려오는 바스락바스락 소리에 취해 '아, 좋구나, 좋아!' 하고 몽롱한 환희에 빠져들곤 한다.

안뜰에 극락조화를 심어 놓은 집도 많아서 울긋불긋 꽃 산의 색감, 바스락거리는 촉감과 소리에 취해 흐릿해진 눈을 들어 문득 앞을 바라보면 극락조화가, 정말이지 극락조와 똑같은 자태의 꽃송이가 도도하게 서 있다. 앞에서 곳곳에 떨어진 공 모양의 나랑하를 밟아 으깰 때도 고혹적인 분위기에 취한다고 했는데, 부겐빌레아, 극락조화, 나랑하가 내뿜는 향기가 진동할 때면 이따금 정신이 혼미해지기도 했다.

그런 11월.

서머타임이 윈터타임으로 바뀐다. 1시간이 앞당겨지는 것이다.

학원에 가는 날이면 늘 7시에 일어났다. 조용히 계단 아래 부엌으로 내려가 냉장고에서 전날 밤 쿠카가 컵에 따라 놓은 오렌지주스를 꺼내고 식탁에 준비해 둔 커피 잔에 미네랄워터를 따라 전자레인지에 돌려 따뜻하게 데운 다음 인스턴트커피를 타고 토스터에 식빵을 굽는다. 이것이 나의 아침이다. 매우 간소하지만 딱히 불만은 없으며 오히려 오렌지주스와 인스턴트커피의 맛을 새삼 음미하게 되었다. 전부 셀프서비스로, 쿠카도 메라도 일어나서 나오거나 하지는 않는다.

여름 무렵에는 7시면 날이 밝았다. 하지만 가을이 깊어지면서 7시가 되어도 어둑어둑해서 잠시 동안은 새벽녘 어슴푸레한 공간이 주는 아늑함을 즐겼는데 어느새 부엌에 내려오면 벽을 더듬어 스위치를 찾아 먼저 불부터 켜야 할 정도로 깜깜해졌다.

그러다 11월이 되자 7시가 6시로 바뀌어 '깜깜했던 7시'는 갑자기 '밝은 7시'가 되었다. 시간이라는 것이, 라고 해야 할까, 숫자로 매겨 놓은 시간이라는 개념이 얼마나 인공적인지 실감하는 동시에 숫자가 없다면 어떻게 시간을 나타낼 수 있을까라는 근원적 질문이 떠올랐다. 시간이라는 개념이 없어지게 될까? 하는 생각도 들었다.

살아 있는 이들의 시간이 애매해지는 이때 멕시코는 '죽은 자들의 날(Día de Muertos(디아 데 무에르토스): 영화 「코코」의 주 배경이 되었던 멕시코 최대 축제로, 매년 10월 말에서 11월 초에 세상을 떠난 가족이나 친지를 기리는 날이다)'을 맞이한다.

10월 30일부터 11월 2일까지 어학원의 젊은 친구들과 '죽은 자들의 날' 버스 투어를 다녀왔다. 멕시코에 오면서 가장 기대했던 일이 '죽은 자들의 날' 축제를 직접 보는 것이었기에 학수고대하던 여행이었다. 과달라하라가 속한 할리스코주 바로 옆에 붙은 미초아칸주가 '죽은 자들의 날' 축제로 유명하다고 해서 어학원에서 소개해 준 투어에 참여했다. 호반의 도시 파트스쿠아로(Pátzcuaro)와 호수에 떠 있는 하니치오(Janitzio)섬이 특히 성대한 축제로 유명한 모양인데 그곳의 숙박은 1년 전부터 예약이 꽉 차서 투어에라도 끼지 않으면 묵을 곳이 마땅치 않다고 했다. 실제로 우리 버스 투어 팀도 파트스쿠아로와 하니치오섬에는 숙박할 곳이 없어 가장 가까운 주도(州都) 모렐리아에서 묵었다.

모렐리아의 거리도 전야부터 북적거렸다. 유려한 대성당이 자리한 중심 공원에선 말에 올라탄 해골 군인 인형이 위풍당당하게 주위를 노려보고 있고 거리에는 화려하게 차려입은 해골 신랑 신부 인형이 다정하게 팔짱을 끼고 걸어갔다. 거대한 해골 풍선이 위태위태한 걸음으로 활보하고 마른 해골과 살찐 해골의 오브제가 거리 곳곳에서 얼굴을 내밀었다. 해골이지만 무서운 느낌은 전혀 들지 않는다. 대로에는 죽은 자들의 얼굴을 본뜬 가면을 쓴 살아 있는 이들이 마치 마이클 잭슨의 「스릴러(Thriller)」 뮤직비디오에서처럼 떠들어 대며 그야말로 카니발을 즐긴다.

하지만 육식에 잠시 이별을 고하고 단식에 들어가는 시기를 일컫는 카니발, 즉 사육제(謝肉祭)는 아니다. 또한 사람들이 각양각색의 분장을 하고 돌아다니며 수확을 축하하고 악령을 쫓는 할로윈도 아니다.

'죽은 자들의 날'은 일본의 오본(お盆: 민속신앙과 불교문화가 결

합된 일본 전통 명절로, 매년 양력 8월 15일을 전후해 조상의 영혼을 모시는 의식을 행하는데 조상의 영혼이 이 기간 동안 저세상에서 현세로 돌아와 잠시 머물다 다시 저세상으로 돌아간다고 여긴다-옮긴이)과 비슷한데 죽은 자들을 맞이하고 죽은 자들과 얘기를 나누면서 즐거운 시간을 보내는 날이다. '죽은 자들의 날'이면 어김없이 해골이 등장한다. 거리 곳곳에서 해골로 분장한 사람들이 돌아다니는 모습을 쉽게 볼 수 있는데 현세로 돌아온 죽은 이들에게 "보세요. 여기 이렇게 친구들이 많답니다!" 하고 안심시키기 위해서일까?

낮에 버스를 타고 파트스쿠아로와 하니치오섬에 들렀는데 파트스쿠아로 중심 광장은 사람과 노점으로 발 디딜 틈이 없었다. 파리도 윙윙 시끄럽게 날아들었다. 왜 이렇게 파리가 많지 하고 둘러봤더니 설탕으로 만든 두개골 과자가 진원지였다. 새하얀 두개골 모양의 작은 설탕 과자에 빨강, 노랑, 초록, 파랑색 물감으로 눈, 속눈썹, 눈썹, 치아를 칠해 놓았다. 해골이지만 무섭기는커녕 오히려 우스꽝스럽고 표정도 매우 친근하다.

듣기로는 두개골 모양의 설탕 과자는 어린 나이에 죽은 아이들이 돌아왔을 때 갖고 놀라고 만들어 놓는 놀잇감이라고 한다. 실제로 어떤 집에서는 제단을 설치해 그 위에 돌아가신 분이 좋아했던 것들과 배고프지 말라고 빵과 해골 설탕 과자 등을 올려 둔다고 한다. 그러고 보니 우리가 묵은 모렐리아의 호텔 로비에도 제단이 있었다. 제단에 놓이는 죽은 이를 위한 빵은 모양이 울퉁불퉁 독특하다. 나름대로 그렇게 만든 의미가 있는 듯하지만 죽은 자들의 날에만 볼 수 있는 건 아니다. 평소에도 이 빵을 파는 빵집이 있다. 실제로 오악사카에서 홈스테이 할 때(오악사카도 죽은 자들의 날을 성대하게 치르는 곳으로 유명하다) 마리아가 일부러 사다 준 적이 있다. 죽은 자들의 빵이라고 해서 조심조심 뜯어 먹는데 "Es dulce, ¿verdad?(에스 둘세, 베르다: 달콤하지요, 그쵸?)"라고 마리아가 물었다. 정말 무척 달았다.

밤에 다시 버스로 파트스쿠아로에 갔다. 이번에는 광활한 묘지가 목적지였는데 묘지 근처 주차장은 이미 꽉 차 있어서 멀리 떨어진 곳에다 버스를 주차하고 결국 꽤 먼 거리를 걸어 묘지로 향했다. 파트스쿠아로는 관광객과 성묘 온 사람들로 굉장히 혼잡했다.

묘지는 한밤중인데도(새벽 2시) 곳곳에 켜진 촛불 덕분에 환했고, 무덤 주변에서 사람들이 캠핑을 하고 있었다. 접이식 의자에 앉은 사람, 침낭에 들어가 누운 사람, 열심히 무덤을 청소하는 사람, 꽃과 음식을 정성껏 무덤 앞에 놓는 사람 등. 그리고 그 사이를 관광객이 걸어 다닌다. 묘지 안은 모렐리아 거리처럼 시끌벅적하지는 않았지만 묘지 바로 옆 빈터에 만들어진 콘

서트장에선 전기기타와 드럼 소리가 쿵쿵 울려 퍼졌다. 하룻밤 밤새울 작정으로 성묘를 온 사람들도 졸음을 쫓으려고 죽은 이들을 데리고 악기의 폭음을 들으러 가는 것일까?

두개골은 calavera(칼라베라). dulce는 명사로 쓸 때는 과자라는 뜻.

1997년 10월, 11월에 멕시코를 여행했던 미즈키 시게루(水木 しげる: 일본의 만화가로, 요괴를 소재로 한 작품으로 유명하다-옮긴이)도 오악사카에 도착하자마자 해골 무리와 마주쳤다. 동행한 오이즈미 미츠나리(大泉実成)가 미즈키의 모습을 글로 옮겼다.

"공항에서 시가지까지 20분 정도. 거리에 들어서자 맨 먼저 거대한 빵이 눈에 띄었다. '죽은 자들의 날을 축하하는 빵으로, 달걀노른자로 만들었습니다.' 구니오가 알려 주었다. 죽은 자들의 날은 11월의 첫날로 이날은 죽은 이의 영혼이 현세로 돌아온다고 했다. 죽은 자들의 날에 쓰는 고무 재질로 된 싸구려 해골 모양 가면 등도 팔고 있었다. 미즈키 씨가 '이것도 사 가자.'라고 말했다. 거리 깊숙이 들어갈수록 길이 좁아졌다. 노점으로 북적거렸고 해골 인형, 해골 과자 등을 팔고 있었다. 아무튼 어딜 가나 해골이다(나중에야 죽은 자들의 날 축제라는 걸 알았다). '멕시코는 세상에서 가장 해골을 좋아하는 나라 아닐까요?' 미즈키 씨는 이어 '수수하지만 멋진 마을이네요.'라고 말했다."(미즈키 시게루 그림, 오이즈미 미츠나리 저, 『행복해지는 멕시코』)

그리고 공예품을 하나둘 산다.

"가면, 공예품, 해골 인형에 해골 도자기. 특히 해골에 매료된 듯이 마음에 드는 게 보이면 마치 기관총을 난사해 닥치는 대로 쓰러뜨리듯 온갖 종류의 해골을 쓸어 담았다. (중략) '이런 건 본 적이 없는 거 같은데.'라는 등 혼잣말을 하면서 물건을 골랐다. '알록달록 색이 참 다채롭군. 멕시코는 색이 참 예뻐.'"(앞의 책)

그리고 이튿날도 해골을 찾아 헤매다가 한 공예품점에서 보물을 발견했다.

"오늘 최고의 수확은 이곳에서 산 해골 공예 작품. 섬세하게 모양을 그려 넣은 도자기 해골 위로 오밀조밀하게 만든 아름다운 새가 날고 곤충이 노닐고 풀꽃이 싹터 있다. 미즈키 시게루는 한동안 감탄에 겨워 바라보다가 '봐요. 해골을 이렇게 아름답게 만들어 놓은 곳은 세상 어디에도 없어요.'라고 했다."(앞의 책)

그러면서 이렇게 끝맺는다.

"'해골이 되면 무서운 게 없을 거야. 아, 그러니 모두 저렇게 즐겁게 춤을 추지.'라며 오악사카의 '해골 문화'를 한마디로 정리해 주었다."(앞의 책)

공예품은 artesanía(아르테사니아). 예술은 arte(아르테). 색깔은 color(콜로르). 발음은 다르지만 철자는 영어와 똑같다.

즐겁게 춤추는 해골 하면 무엇보다 호세 과달루페 포사다 (José Guadalupe Posada)의 해골 그림이 단연 최고다.

언제 처음 그 그림을 봤는지는 기억나지 않지만 그림을 본 순간의 충격은 아직도 생생하다. 해골들이 한데 모여 시끌벅적 떠들어 대고 있다. 벌써 몇 잔 걸쳤는지 모르겠다는 듯 흥청망청 술을 마시고 있다. 시가를 물고 거들먹거리며 거드름을 피운다. 뭘 해야 좋을지 모르겠다는 듯 시가를 씹고 있다. 솜브레로를 쓰고 피가 묻은 마체테(machete: 정글의 잡목을 베거나 길을 내는 등의 용도로 사용하는 길고 무거운 낫이나 칼-옮긴이)를 높이 쳐든 채 달린다. 눈이 휘둥그레진 말에 올라타 채찍을 휘두른다.

하지만 근육이 없으니 어쩐지 힘이 없어 보인다. 갈빗대가 있을 뿐 폐도 그 어떤 장기도 없어서 목소리도 안 나올 것 같다. 해골들은 객기에 가득 차 헛소동을 벌이고 있다. 보고 있으면 현실과의 묘한 괴리감 때문인지 금세 쓱 빨려들고 만다.

포사다의 해골 그림은 한번 보면 잊히지 않는다. 조셉 미첼 (Joseph Mitchell)도 그랬나 보다. 뉴욕에 거주하는 인물들을 생생하게 묘사한 독특한 글로 유명한 조셉 미첼은 잡지 『뉴요

포사다의 판화에서는 살아난 해골이 살아 있는 인간들이 하는 다양한 행동을 모방하며 비웃는다. 인디오 출신임을 수치스러워하며 프랑스풍으로 치장한 여자를 풍자한 해골(맨 위)을, 포사다를 존경하던 디에고 리베라는 「알라메다 공원의 일요일 오후의 꿈」에 베껴 그리며, ʻLa Catrina(라 카트리나: 멋 부린 여자)ʼ라고 이름 붙였다. (도판 출처 *Posada: El Grabador Mexicano*, Editorial RM, 2006)

커(New Yorker)』의 칼럼니스트였는데 1933년 신문기자로 있을 당시 포사다를 만났고 큰 충격을 받았다. 조셉 미첼이 프리다 칼로를 인터뷰하러 갔을 때였다. 조금 길지만 포사다의 면모와 포사다를 향한 프리다 칼로의 열렬한 존경심을 엿볼 수 있어 인용한다.

"칼로는 디에고 리베라(Diego Rivera)의 아내로, 그녀 또한 위대한 화가이며 악마적인 초현실주의자였다. 그 무렵 리베라는 록펠러센터의 벽화를 제작하고 있었다. 내가 방문한 호텔 스위트룸 벽 전면에는 신문지용 싸구려 종이에 인쇄된 실로 기이한 판화가 압정으로 고정되어 있었다. '호세 과달루페 포사다'라고, 칼로는 자신이 존경하는 인물이라며 그를 소개했다. '멕시코인. 1852~1913년.' 프리다 칼로는 뉴욕에서 지내는 동안 흐트러지려는 마음을 다잡기 위해 이 판화를 손수 호텔 벽에 붙여 두었다 한다. 그 가운데에는 일반적인 신문 사이즈의 종이도 있었다. '이 그림은 멕시코시티에서 일어난 놀랄 만한 사건을 그린 거예요. 거리와 시장, 교회와 침실에서 일어난 일을요.'라고 칼로는 말했다. '이걸 길거리에서 팔고 있더라고요.' 개중 한 장에는 노면전차와 충돌한 영구차에서 떨어진 관이 그려져 있었다. 관 속의 해골 남자는 고상한 옷차림에 등을 꼿꼿이 펴고 양손을 모은 채 누워 있다. 성당에서 목을 매단 성직자 그림도 있다. 또 영면에 든 한 남자의 육체에서 혼이 빠져나오는 순간을 그린 그림도 있다. 하지만 판화의 대부분은 살아난 해골이 살아 있는 인간들이 하는 다양한 행동을 모방하며 비웃는 그림이었다. 이를테면 해골 여자를 향해 무릎 꿇고 앉아 사랑의 노래를 부르는 해골 남자, 고해실에 들어가려는 해골 남자, 결혼식과 장례식에 참석하는 해골, 연설하는 해골, 톱 햇(top hat: 18세기 후반~20세기 중반에 걸쳐 유행했던 신사용 정장 모자-옮긴이)을 쓴 해골 신사에 세련된 보닛(여성, 어린이용 모자로 머리를 감싸듯이 쓰고 턱 아래에서 끈을 매게 되어 있다. 빅토리아 시대의 전형적인 모자로 정숙함의 상징이었다-옮긴이)을 쓴 해골 숙녀. 그림을 보고 나는 무척 놀랐다. 무엇보다 그림이 모두 유머러스한 점이 가장 놀라웠다. 노면전차 선로 위에 놓인 부서진 관이라는 정말 소름 끼치는 대상조차 익살스러웠다. 포사다의 판화 밑바탕에는 이처럼 강력한 유머가 흐르고 있었다."(조셉 미첼 저, 츠치야 아키라 역, 『맥솔리의 멋진 술집』)

미첼이 포사다에게 얼마나 압도되었는지는 그 뒤 포사다의 책을 찾아 뉴욕 거리를 헤매고 다니는 데에서도 알 수 있다. 미첼은 말한다.

"프리다 칼로가 머무는 호텔 스위트룸을 나온 뒤로 나는 포사다의 판화가 실린 책을 찾아 헤맸다. 스페인 지구 일대 서점과 골동품점을 뒤지다 보면 포사다의 책을 구할 수 있지 않을까 싶어 도저히 가만히 있을 수가 없었다. 포사다를 향한 경외감은 점점 더 깊어만 갔다."(앞의 책)

나는, 미첼 씨 미안, 멕시코시티에 갔을 때 일찌감치 포사다의 화집을 손에 넣었다. 나 또한 내내 찾아 헤매던 책이었다.

멕시코시티의 디에고 리베라 벽화관에서 본 리베라의 걸작「알라메다 공원의 일요일 오후의 꿈」에도 포사다가 등장한다. 비틀스의 『서전트 페퍼스 론리 하트 클럽 밴드(Sgt. Pepper's Lonely Hearts Club Band)』 앨범 재킷처럼 유명인이 빽빽이 모여 서 있는, 길이가 어마어마한 거대한 그림인데(비틀스가 이걸 흉내 내지 않았을까 싶기도 하다), 한가운데에 포사다의 그림을 모방해 그린 하얀 드레스를 입은 해골 여성이 서 있다. 그의 이름은 라 카트리나. 그렇다. 이 해골은 이름까지 있다. 멕시코의 중심에는 아름다운 해골이 서 있다는 듯이 말이다.

멕시코에서 만난
'뛰는 놈 위에 나는'
사람들

김씨의 방황하는 꿈

60이 넘어서 새 언어를 배우는 일은 과학적 이론으로는 미친 짓이다. 언어 습득 이론을 연구하는 학계에는 '임계기 가설'이라는 말이 있는데 시라이 야스히로(白井恭弘)가 쓴 『외국어 학습의 과학』에 보면 이런 말이 나온다.

"외국어 학습의 임계기란 어느 시기가 지나면 외국어 학습은 불가능하다는 가설이다. 임계기는 사춘기가 시작되기 전 (12, 13살)까지로, 이 시기가 지나면 원어민과 같은 언어 능력을 습득하기는 불가능하다고 본다."

12, 13살!

60이 넘은 내게는 손자뻘 나이다. 반세기 넘게 차이가 난다. 늦어도 도가 지나칠 정도로 늦었다. 임계기를 반백 년이나 넘겨 버렸다. 실격, 완전히 아웃이다.

하지만 중년 또는 노년이 되어 '원어민과 같은 언어 능력을 습득'하기를 바라는 사람은 드물 것이다. 적어도 나는 영어 속에 스페인어가 튀어나오더라도 당황하지 않을 용기라고 해야 할까, 배짱을 키우고 싶다는 것이 스페인어를 배우게 된 동기였고, 멕시코에서 만난 스페인어를 배우러 온 중년, 노년의 사람들도 '원어민처럼'이라는 야망은 없었던 듯하다.

과달라하라의 어학원에 나와 나이가 비슷한, 이미 앞에서 몇 번인가 등장한 57살의 한국인 김이 있었다. 김은 서울이 추워서 과달라하라로 이주하고 싶어 했는데 이에 반대하는 아내를 어떻게 설득할지 노심초사했다. 집도 빌리고 자동차도 사는 등 이주 준비를 착착 해 놓았고 이제 아내를 설득하는 일과 스페인어를 배우는 일만 남았다. 김은 "차를 타고 남아메리카를 일주하는 게 꿈이지."라고 말했다. 하지만 아내가 좀처럼 마음을 움직여 주지 않아서였을까? 그렇다면 스페인어를 배워도 아무런 의미가 없다는 쪽으로 마음이 기울었는지 공부에 그다지 열성을 보이지 않았고 Nivel 1가 끝나자 돌연 모습을 감췄다……라고 생각했는데 명령형 부분에서 썼듯이 Nivel 5에 갑자기 다시 등장했다. 아내를 설득하는 데 성공한 걸까라고 지레짐작했는데 어쩌면 전혀 새로운 계기가 생겨서 공부에 열중하게 됐는지도 모르겠다.

Nivel 5에서 다시 만났을 때 김은 나에게 함께 개인 과외를 받자고 제안했다. 젊은 학생들과 함께 공부하는 것이 싫었는지, 아니면 집단으로 공부하는 방식이 안 맞았는지 Nivel 2, 3, 4의 학습 내용은 개인 과외 형태로 공부하고 온 모양이었다. 역시 혼자서 받는 개인 과외 쪽이 마음이 편했던 듯, 내게 같이 하자고는 했지만 나와 함께 한 개인 과외는 오래가지 못했다.

결국 김은 김대로, 나는 나대로 따로 개인 과외를 받게 됐다.

과외 교사 아드리아나는 어학원 수업도 맡고 있었으니 과외는 아르바이트인 셈이다. 28살의 과달라하라대학 대학원생으로, 전공은 라틴아메리카 문학이다. 좋아하는 작가는 아르헨티나의 훌리오 코르타사르(Julio Cortázar)라고 했다. "멋진 소설을 쓰는 작가지요." 하고 아는 체를 하자 "guapo(구아포: 미남)이죠." 라고 대답했다. 뭐 그런 것도 같다.

애써 시간과 돈을 들여 개인 과외를 받는데다 교사가 문학 전공이다. 나는 문학작품을 읽어 보고 싶다고 요구했다. 주제 파악도 못 하는 어처구니없는 요구라는 것쯤은 충분히 인지하고 있었지만 스페인어로 소설과 시를 읽어 보고 싶다는 열망이 앞섰다. "아주 짧은 글 정도만 겨우 읽을 수 있을 듯싶지만요." 하고 단서를 달았다.

그러자 아드리아나는 다음 수업 날 이걸 교재로 하자며 책을 한 권 가지고 왔다. 짧은 이야기가 가득 들어 있는 선집이었다. 작품 하나하나의 길이가 정말 짧다. 한 페이지를 넘는 작품은 하나도 없고 대부분 반 페이지 정도이며, 열 줄이 채 되지 않는 글도 있고 두세 줄인 작품도 있다.

"이런 걸 cuento(쿠엔토)라고 해요."

아드리아나가 말했다. 라틴아메리카에는 예부터 쿠엔토의

전통이 있다고 했다.

쇼가쿠칸 『스페인-일본어 사전』을 찾아보면 쿠엔토는 '단편소설, 가십, 농담, 꾸며 낸 이야기, 시시한 이야기'라고 나온다. 라틴아메리카 문학이라고 하면 '마술적 사실주의(Realismo Mágico)', 엉뚱한 이야기라는 이미지가 가장 먼저 떠오르는데 어쩌면 마술적 사실주의는 이런 쿠엔토의 전통 속에서 자연스럽게 생겨났는지도 모르겠다.

아드리아나가 가지고 온 책은 『El libro de la imaginación (엘 리브로 데 라 이마히나시온: 상상력의 책)』으로, 엮은이는 에드문도 발라데스(Edmundo Valadés)다. 라틴아메리카 문학은 1960년대에 전 세계의 주목을 받으며 그야말로 붐을 일으켰는데 그 당시 멕시코 작가 발라데스는 쿠엔토의 재미를 세계에 알리고자 1964년 『El Cuento』라는 잡지를 창간할 정도로 쿠엔토에 열광했다. 아드리아나는 이 잡지가 라틴아메리카 문학의 전성기를 뒷받침하는 역할을 했다고 말했다. 나는 멕시코 여정의 마지막 며칠을 어딘가 모르게 뉴욕의 그리니치빌리지 일대를 연상시키는, 멕시코시티의 로마라는 지역에서 잠시 지냈다. 로마에는 고서점이 몇 곳 있었는데 그중 한 서점에서 발라데스가 전 세계의 쿠엔토 비슷한 것들을 모아 주제별로 정리한, 세 권으로 이루어진 두꺼운 선집 세트를 발견했다. 라틴아메리카의 쿠엔토는 사실 세계문학의 뿌리와도 이어지는 면이 있다고 웅변하는 듯한, 편집에 꽤 공을 들인 책이었다.

수업은 아드리아나가 골라 준 쿠엔토를 내가 먼저 사전을 뒤적거리며 읽고서는 어떤 내용인지 얘기하고 말한 내용을 수정 받거나 보충 설명을 듣거나 해설을 듣는 방식으로 진행됐다. 사용하는 언어는 원칙적으로 스페인어지만 가끔 영어가 섞여 들기도 했다. 라틴아메리카 작가들의 작품을, 비록 두세 줄밖에 안 되는 작품이어도 어쨌든 스스로 읽어 내는 일은 큰 성취감을 주었고 이런 이상한 이야기를 쓰는 작가들이 있다는 사실을 처음으로 알게 된 것 또한 기쁨이었다. 아드리아나는 나에게 최고의 텍스트를 골라 준 셈이다.

감사의 표시로 막 출간된 코스타사르의 두꺼운 단편 전집 두 권을 아드리아나의 생일날 선물했다. 아드리아나의 말로는 멕시코 학생들은 고서점이나 tianguis(티안기스)에서 책을 산다고 했다. 티안기스는 길거리 시장으로, 대개는 도로나 공원의 정해진 장소에 시장이 선다. 요일에 따라 식재료를 파는 시장이었다가 생활용품을 파는 시장이 되기도 하고 옷을 팔기도 하는 등 파는 물품이 날마다 바뀐다. "cultural(쿨투랄: 문화의) 시장도 있어요."라고 아드리아나가 데려가 준 적이 있는데 한 구획 전체에 거대한 중고책 시장이 서 있었다. 이곳에서 조금이라도 싸게 책을 사는 듯했다. 그러니 코르타사르의 따끈따끈한 신간을 받은 아드리아나는 잔뜩 흥분해서 코르타사르의 얼굴이 크게 인쇄된 표지를 바라보며 "¡guapo!"라고 눈을 반짝거리더니 "¡muchas gracias!"라고 말하며 나를 끌어안았다. 이 당시 아드리아나에게는 아이가 하나 있었다. 6년 뒤 오악사카에 갔을 때 연락을 했더니 아이가 셋이라고 했다.

잭의 『고독의 미로』

과달라하라의 어학원에는 한국인 김 말고도 중년 또는 노년층에 속하는 수강생이 몇 명 더 있었다.

늘 쾌활하게 수다를 떠는 여성 3인조도 중년층이었다. 아마 40대 후반쯤일까? 한 학기밖에 듣지 않았지만 Nivel 9(nueve: 누에베) 또는 Nivel 10(diez: 디에스)로 최상급반이었다.

"이탈리아인이에요. 이탈리아인에게는 스페인어가 쉬워요. 이탈리아어와 스페인어는 정말 비슷하거든요."

Nivel 2 교실에서 아장아장 걸음마를 떼기 시작한 우리를 상대하던 라울은 그녀들이 시끄럽게 떠드는 소리를 듣고 "흥!" 하는 얼굴로 이렇게 말했다. 라울은 본래 여성에게 대체로 쌀쌀했다.

말을 나눌 기회는 한 번도 없었지만 나보다 분명 연상인 듯한 대단히 세련된 신사도 있었다. 어느 클래스인지, 어디에서 왔는지 결국 알지 못했는데 수업을 한 시간밖에 수강하지 않았고 수업이 끝나면 재빨리 돌아갔다.

미국에서 어학연수를 온 대학생들 틈에 끼어 사카테카스(Zacatecas)로 1박 2일 투어를 갔을 때 나처럼 학생들 틈바구니에 끼어 참여한 잭과 같은 방을 쓰게 됐다. 나이도 엇비슷해 보였는데 어학원에서는 말을 나눈 적이 없었다. 그도 그럴 것이 잭은 쉬는 시간만 되면 스마트폰을 들여다보고 있어서 말을 걸어 보지 못했다. 21세기의 경이적인 발명품을 가지고 노는 것이 재밌어서 그랬는지, 아니면 스마트폰 조작법을 익히느라 애쓰는 중이었는지, 어쩌면 사람들이 말을 거는 게 싫어서 딴청을 부리느라 그랬는지 어쨌든 잭은 늘 스마트폰을 노려보고 있었다.

사카테카스에서 저녁 식사를 하러 잭과 함께 식당에 갔는데 잭은 말수가 적었다. 미국 남부 노스캐롤라이나에서 왔으며 얼마 전까지 대학의 의학부 교수였는데 지금은 은퇴했다는 등의 얘기를 띄엄띄엄했다. 왜 멕시코에 스페인어를 배우러 왔느냐고 묻자 가끔씩 온다고 했다. 한 학기만 수강하러 가끔씩 온다고.

"딸이 멕시코인이랑 결혼했거든요."

그렇군, 그래서였군.

명령형을 배우는 수업 때 novio나 novia가 멕시코인이어서 스페인어를 배운다는 수강생이 몇 명 있었다. 그런 사람들이 novio나 novia랑 결혼하게 되면 그들의 부모에게도 멕시코인은 정말로 친밀한 존재가 된다. 스페인어에 흥미를 갖는 것도 이상한 일이 아니다. 어쩌면 이런 계기로 스페인어를 배우기 시작한 부모가 많을지도 모르겠다. 잭처럼 말이다.

　잭은 사카테카스에 올 때 표지가 하얗고 작은 책을 한 권 가지고 왔다. 스마트폰보다 조금 큰 크기의 책으로, 사카테카스로 오는 버스 안에서도 가끔씩 꺼내 읽었다. 도대체 무슨 책이기에 그리 열심히 읽나 궁금했는데 곧 어떤 책인지 알게 됐다.

　『El Laberinto de la Soledad(엘 라베린토 데 라 솔레다: 고독의 미로)』. 저자는 멕시코의 시인 옥타비오 파스(Octavio Paz)다. 멕시코인과 멕시코 사회를 다룬 명저여서 나도 멕시코에 올 때 일본어 번역본을 가지고 왔다. 곳곳에 멕시코인은 어떤 인간인지 소개하는데, 이를테면 다음과 같은 구절을 읽고 잭은 과연 어떤 느낌을 받을까?

　"멕시코인은 자기 자신과 자신의 열정을 위장하여 감추는 데 능하다. 타인의 시선이 두려워 몸을 사리고 움츠리며 그림자와 환영, 메아리가 된다. 그들은 걷지 않고 미끄러지듯 지나가고 자기 의견을 주장하지 않고 돌려 말하며 반론하지 않고 투덜댄다. 불평하지 않고 미소 짓는다. 노래할 때조차 가슴을 젖히고 폭발하듯 부를 때를 제외하고는 입 안에서 들릴 듯 말 듯한 소리로 얼버무린다. (중략) 아마도 이런 위장은 식민지 시대에 생겨난 것이리라. 알폰소 레예스(Alfonso Reyes)의 시에서처럼 인디오와 메스티소는 작은 소리로 노래해야 했다. '중얼거리는 반역의 말들은 잘 안 들릴' 테니까. 식민지 세계는 소멸했다. 그럼에도 공포, 불신, 우려는 그대로 남아 있다. 그리고 지금 우리는 우리의 분노뿐만 아니라 우리의 친절까지도 가장하고 있다."(옥타비오 파스 저, 다카야마 도모히로·구마가이 아키코 역, 『고독의 미로』)

사위가 도대체 무슨 생각을 하는지, 믿을 만한 사람인지 마음이 불안한 적은 없을까?

나도 그 뒤에 그 작고 하얀 책을 구입해서 아드리아나가 골라 준 한 페이지에 도전했지만 지금 인용한 문장처럼 난해한 문장이 줄줄이 이어졌다. 책 내용이 난해해서 좀처럼 책장이 안 넘어가는 것일 수도 있겠지만, 어쩌면 잭은 딸과 결혼한 멕시코인이 어떤 사람일지 걱정되기도 해서 천천히, 꼼꼼히 읽고 있었는지도 모르겠다.

참고로 메스티소(Mestizo)는 인디오와 스페인인의 혼혈을 가리킨다. 『고독의 미로』의 일본어 번역자는 후기에서 '특이한 문화를 지닌 멕시코의 역사'에 관한 해설을 덧붙였다. 길지만 인용해 본다.

"2만 년에 걸친 멕시코 역사의 97.5퍼센트는 과거 아시아 대륙에서 건너온 사람들, 즉 인디오의 역사이다. 그들은 수렵, 채집 단계부터 마야, 아스텍이라는 고도의 문명까지 독자적인 문화를 발전시켰다.

하지만 460년 정도 전(1521년) 스페인의 에르난 코르테스 일행이 아스텍제국을 정복했고 인디오 문명은 치명적인 타격을 입었다. 이전까지의 토착민 세계는 스페인의 식민지 누에바 에스파냐가 되었고 스페인인이 인디오를 지배하게 되었다. 그리고 새롭게 건설된 도시를 중심으로 서양 문화가 이식되어 주변에서는 문화 융합이 일어났다. 또한 인디오와 스페인인의 혼혈화가 진행되었고 이리하여 오늘날 국민의 80퍼센트가 메스티소(혼혈)라는 이질적인 국가가 생겨났다.

멕시코는 1821년에 스페인에서 독립했다. 하지만 독립을 달성시킨 주인공은 페닌술라르(스페인 본국인)에 반발심을 가진 크리오요(신대륙에서 태어난 스페인인)였으며 인디오가 아니었다. 따라서 독립 이후에도 백인 지배의 사회구조는 바뀌지 않았다. 근대화가 추진되기는 했지만 근대화는 곧 서양화라는 등식이 지배적이었다. 인디오적인 것은 열등하다는 인식 때문에 과소평가되었다. 생활면에서도 인디오와 하층의 메스티소는 외국자본과 특권계급의 훨씬 더 악랄해진 착취에 시달려야 했다."(앞의 책)

손주는 어떻게 커 갈까? 멕시코에 올 때마다 잭은 분명 이런저런 상념에 잠길 듯하다.

페닌술라르는 peninsular. 'península(페닌술라: 반도)'의, 즉 '이베리아반도 사람'이라는 뜻이다. 영어와 철자는 거의 비슷하다. 크리오요는 '유럽계 라틴아메리카 사람'이라는 뜻으로 criollo라고 쓰며, 영어로는 Creole이다.

피터와 루이스가 스페인어를 배우는 이유

과달라하라에서 돌아오고 6년 뒤 다시 멕시코의 오악사카로 스페인어를 배우러 갔을 때에는 거의 아무것도 모르는 갓난아이 상태로 과달라하라에 도착했을 때와 비교하면 그나마 스페인어에 익숙해져 있었다.

그렇다고 해도 멕시코에서 돌아온 뒤 6년 동안 일본에서 스페인어를 접할 기회는 NHK 라디오 강좌(또다시!) 말고는 거의 전무했으며 라틴아메리카 관련 번역서는 열심히 읽었지만 아드리아나가 알려 준 쿠엔토 책도 한 번 펼쳐보지 않았고 라틴아메리카 영화가 개봉하면 달려가서 보는 정도였으니 스페인어 실력은 확실히 점점 떨어졌다.

오악사카의 어학원에 간 첫날 간단한 레벨 테스트를 받았다. 과달라하라에서 받은 레벨 테스트 때처럼 "개가 많이 있다."라고 암호 같은 문장을 적는 일만은 되풀이하고 싶지 않았지만 '아, 이게 뭐였더라?' 하고 배운 기억은 떠올라도 단어는 떠오르지 않는 증상에 시달렸다. 기껏 애써 배웠는데…… 억울하기 짝이 없었다. 역시 어학은 습관이라는 걸 새삼 느꼈다. 날마다 쓰지 않으면 알고 있던 것도 어느 순간 잊어버린다. 날마다 되풀이하는 것, 그것이 외국어 학습의 왕도다.

테스트는 20분 정도로 끝났고 학원장인 리리아나가 곧바로 채점을 한 뒤 후안의 반으로 배정해 줬다. 아, 학원장이라고 무심코 적었지만 내가 들어간 '오악사카 인터내셔널'은 개인 교습소 느낌의 조그만 학원이었다. 구시가지 한가운데에 위치한, 중정이 있는 2층짜리 민가를 조금 개조한 건물이었다. 쉬는 시간에 2층 옥상으로 나가 커피를 마시고 있으면 바로 밑으로는 거리를 오가는 사람들이 보이는, 누군가의 집에 잠시 놀러 온 듯 왠지 모르게 마음이 편안해지는 곳이었다. 이곳도 인터넷에서 찾았다.

교사인 후안은 30대 중반에 다부진 체격의 청년이었고 수업에는 나와 나이가 비슷해 보이는 60살을 넘긴 남자가 둘 있었다. 그렇다. 나를 포함해 학생은 60대 남자 딱 셋뿐이었다. 다른 반에는 20대부터 30대로 보이는 남녀 두 사람이 있었는데 리리아나가 나이별로 반을 나눴는지는 모르겠지만 나는 '오, 내 또래가 있네!' 하고 깜짝 놀랐다.

두 사람 모두 미국인이었는데 피터는 하와이 호놀룰루에서, 루이스는 텍사스의 샌안토니오에서 왔다. 피터는 은행원이었는데 지금은 퇴직했고 대학에서 가끔 경영학을 가르친다고 했다. 루이스는 비뇨기과 개업의였다.

나는 3주간 머물 예정으로 오악사카에 왔는데 두 사람은 2

주 동안 머문다고 했다. 오전에 스페인어 수업을 받고 오후에 관광을 하는 일정은 나와 같았다. 다만 두 사람은 이미 수업 2주째라서 함께 수업을 들은 건 딱 1주일뿐이었다.

피터가 스페인어를 배우러 온 이유는 완전히 잊어버린 스페인어를 떠올리기 위해서였다. 어린 시절 아르헨티나를 비롯해 남미 여기저기를 떠돌며 자라서 스페인어에 능숙했는데 채 10살이 되기 전에 미국으로 돌아간 뒤로는 스페인어를 쓸 기회가 전혀 없었다고 한다. 은행원으로 일할 때도 아시아나 유럽에서 일할 기회는 있었지만 스페인어권에 갈 일은 없었다고 한다. 그럼에도 말을 하다 보면 어린 시절의 기억이 되살아나는지 단어도 잘 알고 말도 꽤 잘했다.

루이스는 학원에서 스페인어를 배웠는데 깡그리 잊었다고 한다. 하지만 요즘 스페인어의 필요성을 절실히 느껴서 다시 공부하기 시작했다. 루이스가 병원을 운영하는 샌안토니오는 주민의 60퍼센트가 히스패닉으로, 이미 히스패닉이 주류를 이뤘다. 병원에 찾아오는 환자도 히스패닉이 많았고 간호사도 히스패닉이었다. 간호사의 통역으로 환자와 얘기를 하는데 직접 얘기를 나누는 게 좋겠다 싶어 스페인어 공부를 다시 시작했다. 샌안토니오와 오악사카는 시차가 없고 비행기로는 멕시코시티를 경유해서 오는데 총 5시간 정도 걸린다. 정말 가깝다. 그래서 자주 온다고 했다.

단기 수업이어서 단계별 커리큘럼 같은 게 있을 리는 없고 그냥 회화가 기본이었다. 예를 들자면 이랬다.

"어제 거대한 인형을 앞세운 퍼레이드를 봤는데 뭐예요?"라고 피터가 스페인어로 묻는다(단어를 찾으면서 천천히 질문했지만 사실 나는 이 시점에서는 피터가 무슨 말을 하는지 도통 알아듣지 못했다).

그러면 후안은 의문문의 문법적 오류를 바로잡아 주면서(문장을 수정해 주고 있다는 사실은 알 수 있었다) 스마트폰을 경쾌하게 누르며 "이거?" 하고 화면을 보여 준다. "그거, 그거." 하고 피터가 답한다.

종이로 만든 뚱한 표정의 거대한 인형 두세 개가 앞서가고 그 뒤로 음악대가, 그리고 행렬이 뒤따르는 사진이다(나는 이때에야 겨우 무슨 말이 오갔는지 대략 감을 잡는다).

후안은 "calenda(카렌다)."라고 말하며 설명을 덧붙인다. 조금 알 듯하지만 거의 알아듣지 못한다. 피터도 전부 알아듣지는 못하는지 설명 중에 나온 몇몇 단어를 다시 물어보고 후안은 다시 설명한다. 이리하여 카렌다에서 시작한 이야기는 흐르고 흘러 다양한 방향으로 퍼져 간다(이때쯤이면 이야기를 따라잡지 못해 머리가 점점 아파 온다).

거대한 종이 인형은 'mono'라고 하며 결혼식 등 큰 fiesta(피에스타: 파티)가 있을 때면 어김없이 등장하는 퍼레이드라는 걸 알게 된 것은 나중에 인터넷 검색을 해 보고 나서다. 책에는 이렇게 쓰여 있다.

"오악사카시의 전통적인 축제 행사를 들자면 마르모타(긴 장대 위에 얹은 제등)와 모노(사람이 안에 들어가 익살스런 동작을 하는 거대한 종이 인형)가 악대의 연주에 맞춰 행진하는 카렌다를 들 수 있다. 카렌다는 수호성인 등의 축제 때, 축제 당일 이틀 전에 이루어지는 행사를 가리킨다. 그중에서도 오악사카시의 수호성모를 기리는 12월 중순의 라 소레다 교회의 카렌다가 유명하다."(다카야마 토모히로 저, 『멕시코 다문화 사색 여행』)

하지만 지금은 무슨 일만 있으면 카렌다가 펼쳐지는 것 같다. 내가 오악사카에 머물던 시기가 9월이었는데 오악사카에 있던 3주 동안 거리에서 네 번이나 봤다.

후안이 갑자기 과제를 내는 일도 있다. 예를 들면 이렇다.

"각자의 나라에 전해 내려오는 mito(미토: 신화)나 ley-enda(레옌다: 전설)를 소개하시오."라는 과제를 던져 준다.

주어진 준비 시간은 15분. 나는 후안이 커피를 마시러 간 사이 문득 떠오른 주제(모모타로: 일본 전설 속 영웅)를 전자 백과사전에서 찾아 확인하고 스페인어 단어를 찾는다. '복숭아'는 durazno(두라스노), '키우다'는 criar(크리아르), 악마는 diablo(디아블로), '황금'은 oro(오로)…….

  후안이 교실에 돌아오자마자 발표가 시작됐다. 피터는 하와이 화산의 여신인 페레 이야기를 했다. 후안은 문법이 틀린 부분을 고쳐 주고 스마트폰을 검색하더니 "이거죠?"라고 이미지를 보여 준다. 루이스는 로키산맥에 서식한다는 전설의 원인(猿人) 빅풋 이야기를 했다. 후안은 잘못된 부분을 바로잡고 스마트폰으로 "이거죠?" 하고 이미지를 찾아 보여 준다. 나는 모모타로 이야기를 했다. "가난한 노부부가 살았다. 노파가 강에 갔다. 복숭아가 있었다. 그 안에 아이가 있었다. 모모타로라고 이름 지었다. 둘이서 키웠다. 모모타로는 악마들이 사는 섬으로 갔다. 악마를 물리치고 황금을 가지고 돌아왔다." 후안은 잘못된 부분을 고쳐 주고는 스마트폰으로 "이거죠?"라며 모모타로 만화를 보여 준다. 피터도 스마트폰을 만지작거리더니 "Peach Boy?"라고 묻는다. 맞다고 고개를 끄덕이는데 와락 피곤이 몰려왔다. 한편으로는 스마트폰이 수업에서 대활약하는 모습에 새삼 놀랐다.

  후안이 가끔 적당한 때를 봐서 기본 문법 복습에 들어가기도 했다. 이를테면 영어의 be동사에 해당하는 'estar(에스타르)'와 'ser(세르)'의 차이를 확인한다든지 한다. '좋았어, 이거야 나도 알지!' 하고 내심 안심한다. estar는 상황을, ser는 성질을 가리키는 것이었지 하고 기억을 더듬으면서 말이다. 후안은 두 동사를 사용한 문장을 내일까지 만들어 오라고 말하며 수업을 마쳤다. tarea라고 했다.

이튿날 피터가 만들어 온 문장이 그럴싸했다.

estar → La ventana está abierta(=The window is open).

ser → Donald Trump no es abierto(=Donald Trump is not open).

때는 바야흐로 2016년 9월이다. 11월 대선에서 설마 개방적이지 않은(no es abierto: 노 에스 아비에르토), 폐쇄적인 트럼프가 대통령이 되리라고는 피터도 루이스도 생각지 못했을 것이다. 루이스는 얼굴을 찡그리며 "exactamente(엑사크타멘테: 맞아)." 라고 중얼거렸다.

1주일이 지나자 두 사람은 수업에 오지 않았고 후안의 수업에는 나 혼자 덩그러니 남았다. 홀로 남겨진 첫 월요일은 날씨가 꽤 쌀쌀했는데 그런데도 난 그만 속옷 위에 폴로셔츠 한 장만 달랑 걸치고 나왔다. 곧바로 어깨가 결려 왔고 통증은 다음 날도 그 다음 날도 또 다음 날도, 결국 돌아오는 날까지, 그리고 일본에 돌아와서도 이어졌다. 쿠바의 악몽이 되살아났다.

쿠바 때와 다른 점이 있다면 후안이 가르쳐 줘서 "Tengo dolor de hombro(텡고 돌로르 데 옴브로: 어깨가 아프다)."라고 말할 수 있게 되었다는 것이다. 그뿐만이 아니다. 후안은 비슷한 단어 세 개도 기억해 두라면서 알려 주었다.

hombro(옴브로: 어깨)

hombre(옴브레: 남자)

hambre(암브레: 배고픔)

어깨가 아픈 남자는 배가 고프다. 어깨를 주무르면서 세트로 외웠다.

우아한 수잔

과달라하라에서 9개월을 보낸 뒤 멕시코 남부 산크리스토 발데라스카사스에 있는 학원에서 1주일간 스페인어를 공부했다. 그곳에서 팔렌케(Palenque), 보남팍(Bonampak), 약스칠란(Yaxchilán) 등의 마야문명 유적지를 거쳐 유카탄반도 끝 칸쿤으로 향했다. 사실 유적에는 그다지 관심이 없었는데 정글 속에 묻혀 있는, 이제 막 발굴된 고대의 생생한 흔적 앞에 저절로 압도되고 말았다. 높은 나무 위에서는 원숭이 떼가 새 떼들만큼이나 시끄럽게 소란을 떨었고 초목을 헤집으며 고대의 신전을 둘러보다 보니 정글의 초록빛 신성함 속으로 쑥 빨려 들어가 마치 시간 여행을 떠난 듯 세상이 새롭게 보이는 강렬한 느낌을 받았다.

산크리스토발데라스카사스에서 보낸 1주일은 2010년을 보내는 마지막 주였기 때문이어서인지 '인스티투트 호벨'이라는 어학원에는 학생이 달랑 나 혼자였다. 이곳의 어학원 역시 개인 교습소 느낌의 중정이 아름다운 작은 건물이었다. 멕시코의 연말이 일본의 연말처럼 뭔가 어수선해지는지 어쩐지는 모르지만 무심코 일본에서 하던 입버릇으로 교사인 리카르도에게 "연말 한창 바쁜 때에 이렇게 일하러 나오게 해서 죄송합니다.”라고 인사를 했다. 일본에서는 ‘시와쓰(師走: 12월을 부르는 별칭-옮긴이)’라고 해서 선생님도 바빠서 뛰어다니는 시기라는 등의 말을 덧붙이면서 말이다.

학생이 한 명밖에 없으니 반을 나누는 레벨 테스트 없이 리카르도와 대화를 하면서 리카르도가 나의 레벨을 가늠해 “동사가 좀⋯⋯.” 하고 말하면 그럼 동사 변화 연습을 해 보자는 식으로 즉흥적이고 자유롭게 수업을 진행했다.

리카르도가 가르쳐 준 것 중 가장 기억에 남는 것은 멕시코의 산업이다. 리카르도가 물었다.

“멕시코에서 가장 발달한 산업이 무엇일까요?”

“석유?”

“과거에는 그랬지만 오늘날 석유는 2위예요.”

“Pues(푸에스).”

‘아하, 정말요?’라는 의미의, 대화를 이어 줄 때 흔히 쓰는 말을 내뱉으며 잠시 생각했다.

“관광?”

“No(아니오).”

“Pues⋯⋯.”

“미국에 일하러 가는 거예요.”

리카르도가 말했다. 돈 벌러 외국으로 나가는 거구나.

"……."

"Poor Mexico, so far from God, so close to the United States."

리카르도가 영어로 말했다.

"무슨 뜻이죠?"

"멕시코 독재자가 과거에 했던 말이에요. 지금도 바뀐 게 하나도 없어요."

리카르도가 말한 독재자가 수십 년에 걸쳐 멕시코에 군림했던 대통령 포르피리오 디아스였다는 사실은 나중에 인터넷 검색으로 알았다. 1910년 멕시코혁명이 일어나 독재를 무너뜨렸다. 이 말은 미국을 향한 멕시코의 복잡한 감정을 여실히 드러낸다.

"불쌍한 멕시코, 신은 너무 멀리 있고 미국은 너무 가까이 있군."

이 또한 훨씬 나중에서야 떠오른 것이지만 그러고 보니 미국의 치카노 작가인 아나 카스티요(Ana Castillo)는 이 말에서 그대로 따온 『So far from God』이라는 제목의 소설을 썼다. 1993년에 나온 소설로 미국 뉴멕시코에서 살아가는 멕시코인 가족의 이야기다.

산크리스토발데라스카사스에서 홈스테이 했던 곳은 베티네

집이다. 그 집에서 새해를 맞았다. 처음에는 홈스테이 하는 사람이 나 혼자였는데 베티가 며칠 뒤면 학생이 또 한 명 온다고 했다. 과달라하라 때를 떠올리며 젊은 학생이 오겠거니 했다. 산크리스토발데라스카사스는 히피들이 모이는 곳으로 유명하기도 했고 젊은 사람들에게 인기 있는 곳이기도 했다.

31일 베티가 새로 손님이 왔다며 "수잔!" 하고 부엌 옆방에 대고 불렀다. 곧이어 조용히 문이 열리더니 세상에나! 히피는 커녕 단아한 노부인이 나타났다. 쿠카와 메라 또래 정도로 보였다. 실례를 무릅쓰고 불쑥 나이를 묻고 말았다.

"75살."

나이를 듣고 놀랐지만 이어진 질문에 대한 대답에는 더욱 깜짝 놀랐다.

"스페인어는 언제부터 배우기 시작하셨어요?"

"73살."

미국의 미네소타에서 왔다고 했다. 아이팟을 들고 있었다.

"요요마를 좋아해요. 여기에 다 넣어 왔지요."라며 온화한 얼굴로 말했다. 첼로 선율을 벗 삼아 스페인어를 공부하고 있는 것일까? 그렇다 해도 73살이라니!

하지만 베티는 더욱 놀라운 얘기를 들려준다. 수잔이 방으로 들어가고 나서 베티에게 물었다.

"이렇게 나이 많은 학생을 받은 건 처음이시죠?"

베티가 태연하게 대답했다.

"아니요. 이전에 80살 노부부가 온 적이 있어요."

뛰는 놈 위에는 나는 놈이 있는 법이다.

마치며

오랫동안 프리랜서로 미국 소설을 번역하고 소개하는 일을 해 왔는데 54살 때 우연치 않게 대학과 인연이 닿아 강의를 하게 됐고 61살이 됐을 때 1년 안식년을 받았다. 그래서 멕시코로 떠났다. 이왕 가는 김에 스페인어를 확실히 배워 오자고 마음먹었다. 이 책은 멕시코에서의, 또 그 이전과 이후의 스페인어를 상대로 한 나의 무모한 발버둥의 경과보고다.

왜 멕시코냐고. 오랫동안 미국 소설과 함께해 왔으니 미국에 가는 게 맞지 않냐고.

멕시코에 가려고 한다는 말에 다들 이렇게 물었다.

하지만 늘 마음에 걸렸다. 대학원 때 미국 남부 텍사스 출신 작가 캐서린 앤 포터(Katherine Anne Porter)를 석사 학위 논문 주제로 삼았다. 그녀는 작가로 데뷔하기 전인 29~30살 무렵에 저널리스트로서 1919년부터 약 1년 6개월에 걸쳐 혼란의 소용돌이에 휩싸인 멕시코혁명의 실상을 미국 신문에 보도했다. 그 공적을 인정받아 1921년에는 멕시코혁명정부로부터 멕시코시티에서 개최됐던 「멕시코 포퓰러 아트전」을 미국에서도 개최할 수 있게 기획을 맡아 달라는 의뢰를 받는다. 하지만 그 당시 미국은 아직 멕시코 신정부를 승인하지 않고 있었다.

"캐서린은 워싱턴, 뉴욕, 세인트루이스, 시카고 등 개최 후보지의 갤러리와 공공 전시 시설 관리자에게 수차례 의뢰서를 썼다. 하지만 비참하게도 모든 후보지가 아직 외교 관계가 회복되지 않은 멕시코 신정부의 정치적 프로파간다에 이용당하는 일은 부담스럽다는 회답을 보내왔다. 캐서린은 워싱턴에서 멀리 떨어진, 멕시코계 이민자가 많이 사는 캘리포니아주 로스앤젤레스시에서 전시회 개최를 강행하기로 정하고 1922년 1월 22일부터 2주간 (중략)「멕시코 포퓰러 아트전」을 개최한다. (중략) 하루 평균 3000~4000명의 관람객이 찾았다고 한다. 그야말로 대성공을 거뒀다."(가토 가오루 저,『디에고 리베라의 생애와 벽화』)

전시를 준비하는 동안 캐서린은 디에고 리베라, 호세 클레멘테 오로스코(José Clemente Orozco), 미구엘 코바루비아스(Miguel Covarrubias), 사비에르 게레로(Xavier Guerrero) 등 멕시코 예술가들의 작품에 매료되고 만다. 전람회 카탈로그는 캐서린이 직접 만들었다. 최초의 단편이 잡지에 발표된 것도 그해 말인데 첫 단편 또한 멕시코가 무대였다. 1934년 발표한 단편「아시엔다(농원)」는 세르게이 에이젠슈타인(Sergei M. Eisenstein)의 미완성 영화「케 비바 멕시코」촬영 풍경을 소재로 삼아 쓴 스릴 넘치는 작품이다.

그런 까닭에 마음 한구석에 늘 멕시코가 있었다.

게다가 내가 무척 좋아하는 잭 케루악의『길 위에서』에서도 멕시코로 떠난 여행 부분이 가장 인상에 남았다. 잭 케루악의 또 다른 소설『트리스테사(Tristessa)』는 트리스테사(슬픔)라는 이름의 멕시코 여성을 좇는, 멕시코를 향한 사랑의 표명 그 자체였다.

한편『악마의 사전』으로 잘 알려졌으며 신랄한 문체로 유명한 앰브로즈 비어스(Ambrose Bierce)는 멕시코가 혁명의 소용돌이에 휩싸인 바로 그때 멕시코에 들어갔다가 행방불명됐다. 그때 비어스는 71살이었다. 멕시코 작가 카를로스 푸엔테스(Carlos Fuentes)는 멕시코에 찾아온 비어스를 소재로『늙은 그링고(The Old Gringo, 스페인어로는 Gringo Viejo)』를 썼다. 미국 영화에서는 멕시코가 종종 도피의 땅으로 그려진다. 이를테면 영화「겟어웨이(The Getaway)」의 마지막 장면도 스티브 매퀸의 차가 국경을 넘어 멕시코로 들어가는 뒷모습을 좇는다. 팝송의 고전에 속하는「사우스 오브 더 보더(South of the Border)」또한 "국경의 남쪽 멕시코/그곳에서 난 사랑에 빠졌지/하늘에는 별이 떠 있네"라고 노래한다. 멕시코가 얼마나 매력적인 곳이기에 이럴까? 직접 내 눈으로 확인하고 싶었다.

잠시 동안 대학을 떠나게 된 나를 대신해 준 후루야 미도리

(古屋美登里), 그리고 가족에게 고마움을 전한다.

이 책의 절반은『와세다학보(早稻田学報)』,『책의 잡지(本の雑誌)』,『가쿠토(學鐙)』(일본의 대표 서점인 마루젠의 홍보지-옮긴이) 등에 썼던 원고를 대폭 수정한 글들이다. 데라야마 고지(寺山浩司), 마츠무라 마키코(松村眞喜子)에게 정말 많은 도움을 받았다. 절반 이상은 새롭게 쓴 글인데 후루카와 요시코(古川義子)의 격려가 없었다면 완성하지 못했을 것이다.

책 곳곳에 뻔뻔스럽게도 스페인어에 관한 어설픈 지식을 늘어놓고 있는데 너무 얼토당토않은 말을 써 놓으면 안 되겠기에 라틴아메리카 문학을 전공한 구노 료이치(久野量一)에게 감수를 부탁했다. "책의 매력은 어설픈 부분에 있는 것 같습니다."라는 격려에 내심 기뻤다. '그래서'라고 해야 할까, '그럼에도'라고 해야 할까? 뭔가 이상한 부분이 쓰여 있다면 이는 나의 어쭙잖은 실력 탓으로 전적으로 나의 책임이다.

이 자리를 빌려 모든 분께 고마움을 전하고 싶다.

2017년 8월

아오야마 미나미

伊藤千尋『反米大陸―中南米がアメリカにつきつけるNO!』, 集英社
　　　新書, 2007

大泉光一•牛島万 編著『アメリカのヒスパニック=ラティーノ社会を
　　　知るための55章』, 明石書店, 2005

PBS ウェブサイト: http://www.pbs.org/speak/seatosea/ameri-
　　　canvarieties/spanglish/book/

青山南編訳『パリ・レヴュー・インタヴューⅡ　作家はどうやって
　　　小説を書くのか、たっぷり聞いてみよう！』, 岩波書店,
　　　2015

エドゥアルド・ガレアーノ『収奪された大地―ラテンアメリカ500年』,
　　　新装版, 大久保光夫訳, 藤原書店, 1991

黒沼ユリ子『メキシコからの手紙』, 岩波新書, 1980

ジャック・ケルアック『オン・ザ・ロード』, 青山南訳, 河出文庫, 2010

映画『カルテル・ランド』, パンフレット(監督・撮影 ＝ マシュー・ハイ
　　　ネマン,パンフレット 編集・発行=トランスフォーマー, 2015)

J.M.G. ル・クレジオ『ディエゴとフリーダ』, 望月芳郎訳, 新潮社,
　　　1997

Alejandro Cartagena『Carpoolers』, Alejandro Cartagena Stu-
　　　dios, 2014

ラス・カサス『インディアスの破壊についての簡潔な報告』, 染田秀藤
　　　訳, 岩波文庫, 2013

国本伊代『メキシコ革命とカトリック教会―近代国家形成過程にお
　　　ける国家と宗教の対立と宥和』, 中央大学出版部, 2009

グレアム・グリーン『権力と栄光』, 斎藤数衛訳, ハヤカワepi文庫,

2004

Wikipedia: http://ja.wikipedia.org/wiki/ブラックパワー・サリュート(2017年7月4日 閲覧)

エレナ・ポニアトウスカ『トラテロルコの夜――メキシコの1968年』, 北条ゆかり訳, 藤原書店, 2005

CNN ウェブサイト: https://www.cnn.co.jp/usa/35066905.html

Wikipedia: https://ja.wikipedia.org/wiki/カリフォルニアロール (2017年7月21日 閲覧)

国本伊代編著『現代メキシコを知るための60章』, 明石書店, 2011

CD Journal ウェブサイト: http://www.cdjournal.com/main/cdj-push/-/2000000413 (大石始・文, 2008年12月17日 掲載)

マダジュンコ『モレの国メキシコ』, 偕成社, 2009

水木しげる・絵, 大泉実成・文『水木しげるの大冒険 幸福になるメキシコ――妖怪楽園案内』, 祥伝社, 1999

ジョゼフ・ミッチェル『マクソーリーの素敵な酒場』, 土屋晃訳, 柏書房, 2017

白井恭弘『外国語学習の科学』, 岩波新書, 2008

オクタビオ・パス『孤独の迷宮』, 高山智博・熊谷明子訳, 法政大学出版局, 1982

高山智博『メキシコ多文化 思索の旅』, 山川出版社, 2003

加藤薫『ディエゴ・リベラの生涯と壁画』, 岩波書店, 2011

이 책에 나오는 스페인어 표현

명사

색

amarillo	[아마리요]	노랑	200
color	[콜로르]	색깔	209
negro	[네그로]	검정	199
rojo	[로호]	빨강	200

수

cinco	[신코]	숫자 5	70
cuatro	[쿠아트로]	숫자 4	142
diez	[디에스]	숫자 10	223
dos	[도스]	숫자 2	68
nueve	[누에베]	숫자 9	223
ocho	[오초]	숫자 8	70
once	[온세]	숫자 11	50
seis	[세이스]	숫자 6	70
siete	[시에테]	숫자 7	70
tres	[트레스]	숫자 3	142
uno	[우노]	숫자 1	59

방향 · 방위

요일

음식

aguacate	[아구아카테]	아보카도	83
arroz	[아로스]	쌀	85
arroz con leche	[아로스 콘 레체]	시나몬, 우유, 쌀로 만든 달콤한 디저트	84
cacahuate	[카카우아테]	땅콩	42
cafetería	[카페테리아]	커피숍	81
carne	[카르네]	고기	81
carnicería	[카르니세리아]	정육점	81
cena	[세나]	저녁 식사	85
chicharrón	[치차론]	돼지 껍질 튀김	42
chile	[칠레]	고추	83, 119
chorizo	[초리소]	돼지고기 소시지	82
cilantro	[실란트로]	고수	83
cocinero/ cocinera	[코시네로/코시네라]	요리사(남성/여성)	199
comida	[코미다]	점심 식사	42, 85
desayuno	[데사유노]	아침 식사	85
dulce	[둘세]	과자/ 형용사: 단	119
durazno	[두라스노]	복숭아	233
fideo	[피데오]	국수 면 (파스타의 일종)	53
frijoles	[프리호레스]	강낭콩들	83
fruta	[프루타]	과일	170
harina	[아리나]	밀가루	85

Yakult	[자쿠르트]	야쿠르트	107
mezcal	[메스칼]	아가베(용설란)로 만든 술	200

국가

australiano/australiana	[아우스트랄리아노/아우스트랄리아나]	오스트레일리아인(남성/여성)	75
canadiense	[카나디엔세]	캐나다인(남성과 여성)	75
coreano/coreana	[코레아노/코레아나]	한국인(남성/여성)	75
criollo/criolla	[크리오요/크리오야]	신대륙에서 태어난 스페인인(남성/여성)	228
los Estados Unidos	[로스 에스타도스 우니도스]	아메리카합중국	75
los Estados Unidos Mexicanos	[로스 에스타도스 우니도스 메시카노스]	멕시코 정식 명칭	75
estadounidense	[에스타도우니덴세]	미국인(남성과 여성)	75
gringo/gringa	[그링고/그링가]	외국인, 미국인(남성/여성)	74
inglés/inglesa	[잉글레스/잉글레사]	영국인(남성/여성)	75, 76
Japón	[하폰]	일본	48
japonés/japonesa	[하포네스/하포네사]	일본인(남성/여성)	75
mestizo/mestiza	[메스티소/메스티사]	인디오와 스페인 혼혈(남성/여성)	226

gay	[게이]	게이	165
guapo/guapa	[구아포/구아파]	미남/미녀	219
hambre	[암브레]	배고픔	236
historieta	[이스토리에타]	만화	187
hombre	[옴브레]	남자	236
hombro	[옴브로]	어깨	236
hoy	[오이]	오늘	131
idioma	[이디오마]	언어	160
iglesia	[이글레시아]	교회	139
imperfecto	[임페르펙토]	선과거(線過去)	144
leyenda	[레옌다]	전설	233
mamá	[마마]	엄마	120
mañana	[마냐나]	내일	50, 131
mercado	[메르카도]	마켓	95
miedo	[미에도]	두려움	179
mito	[미토]	신화	233
mono	[모노]	거대한 종이 인형	232
nivel	[니벨]	레벨	59
novela (telenovela)	[노벨라 (텔레노벨라)]	소설 (텔레비전 멜로드라마)	178
novio/novia	[노비오/노비아]	연인(남성/여성)	193
oro	[오로]	황금	234
padre	[파드레]	신부, 아버지	139
pantalón	[판탈론]	바지	63

동사

형용사·부사

기타

회화 표현

지은이 아오야마 미나미(靑山南)

번역가이자 수필가이다. 와세다대학 대학원 문학연구과를 졸업했다. 미국 현대문학을 일본에
소개해 왔으며 필립 로스, 스콧 피츠제럴드 등의 문학 작품과 그림책 등을 번역했다. 현재
와세다대학 문화구상학부 교수로 재직 중이다. 2009년『도망가! 도망가? 인도 옛이야기』로
제56회 산케이 아동출판문화상 번역작품상을 수상했다. 저서로『미국 단편소설 52강』,
『인터넷과 전쟁』,『영어로 번역된 일본 소설』,『미나미의 이야기』등이 있고, 번역서로는
『파리 리뷰1, 2 - 작가란 무엇인가』,『아우어 갱』,『고스트 라이터』,『길 위에서』,『Tristessa』,
『베들레헴을 향해 몸을 숙이고』,『피의 비』등이 있다.

옮긴이 양지연

서강대학교 정치외교학과를 졸업하고 북한대학원대학교에서 문화언론학을 전공했다.
공공기관에서 홍보와 출판 업무를 담당했으며 지금은 기획 번역가로 활동 중이다. 옮긴 책으로
『아빠는 육아휴직 중』,『체르노빌 다크 투어리즘 가이드』,『어이없는 진화』,『채플린과 히틀러의
세계대전』,『맨발로 도망치다』,『왜 전쟁까지』,『나무의 마음에 귀 기울이다』등이 있다.

60, 외국어 하기 딱 좋은 나이

2020년 2월 13일 1판 1쇄

지은이 아오야마 미나미 옮긴이 양지연

편집 최일주·이혜정·김인혜 **교정·교열** 한지연 **디자인** 김민해

제작 박흥기 **마케팅** 이병규·양현범·이장열 **홍보** 조민희·강효원

인쇄 천일문화사 **제책** J&D바인텍

펴낸이 강맑실 **펴낸곳** (주)사계절출판사
등록 제406-2003-034호 **주소** (우)10881 경기도 파주시 회동길 252
전화 031)955-8588, 8558 **전송** 마케팅부 031)955-8595 편집부 031)955-8596
홈페이지 www.sakyejul.net **전자우편** skj@sakyejul.com
블로그 skjmail.blog.me **페이스북** facebook.com/sakyejul
트위터 twitter.com/sakyejul

ISBN 979-11-6094-533-1 03040

이 책의 국립중앙도서관 출판시도서목록(CIP)은 다음 홈페이지에서 이용할 수 있습니다.
http://www.nl.go.kr/ecip CIP제어번호: CIP2020002202